30장면으로 끝내는

스크린 영어회화

해설 라이언 강

길벗
이지:톡

이 책은 스크립트 북과 워크북, 전 2권으로 구성되어 있습니다. 이 책은 워크북으로 전체 대본에서 뽑은 30장면을 집중 훈련할 수 있습니다.

> **오늘 공부할 장면에 대한 간단한 설명입니다.**

> **Warm up! 오늘 배울 표현**
> 오늘 배울 핵심표현을 살짝. 이 표현을 내가 영어로 말할 수 있는지 테스트해보세요.

> **바로 이 장면!**
> 스크립트북에서 뽑은 30장면을 제시합니다. 전체 대본에서 유용한 표현이 가장 많은 30장면을 엄선했습니다.

장면 파헤치기

'바로 이 장면!'에서 뽑은 핵심 표현들을 친절한 설명과 유용한 예문을 통해 깊이 있게 알아봅니다.

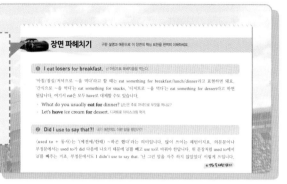

장면 파헤치기 구문 설명과 예문으로 이 장면의 핵심 표현을 완벽히 이해하세요.

❶ I eat losers for breakfast. 난 아침으로 패배자들을 먹는다.

'아침/점심/저녁으로 ~을 먹다'라고 할 때는 eat something for breakfast/lunch/dinner라고 표현하면 돼요. '간식으로 ~을 먹다'는 eat something for snacks, '디저트로 ~을 먹다'는 eat something for dessert라고 하면 된답니다. 여기서 eat은 모두 have로 대체할 수도 있습니다.

- What do you usually **eat for** dinner? 당신은 주로 저녁으로 무엇을 먹나요?
- Let's **have** ice cream for dessert. 디저트로 아이스크림을 먹자.

❷ Did I use to say that?! 내가 예전에도 이런 말을 했단가?!

〈used to + 동사〉는 '(예전에/한때) ~하곤 했다'라는 의미입니다. 많이 쓰이는 패턴이지요. 의문문이나 부정문에서는 used to가 did 다음에 나오기 때문에 'd'를 빼고 use to로 쓰이야 한답니다. 위 문장처럼 used to에서 'd'를 빼주는 거죠. 부정문에서도 I didn't use to say that. '난 그런 말을 자주 하지 않았었다'와 이렇게 쓰입니다.

영화 속 패턴 익히기

영화에 나오는 패턴을 활용하여 다양한 표현을 만들 수 있습니다. Step 1에서 기본 패턴을 익히고, Step 2에서 패턴을 응용하고, Step 3에서 실생활 대화에서 패턴을 적용하는 훈련을 합니다.

영화 속 패턴 익히기 오늘 배운 장면에서 뽑은 핵심 패턴으로 다양한 표현을 만들어 보세요.

🎧 01-2.mp3

Did I use to + 동사

내가 ~을 하곤 했었나?

Step 1 기본 패턴 연습하기

1 **Did I use to** get up early in the morning? 내가 예전에 일찍 일어났었나?
2 **Did I use to** be pretty? 나도 한때는 예뻤나?
3 **Did I use to** study a lot? 내가 예전에는 공부를 많이 했었나?
4 .... my brother Winnie the Pooh? 예전에 내가 내 동생을 위니 더 푸우라고 불렀었나?
5 .... that? 내가 예전에 그렇게 생각했나?

확인학습

오늘 배운 표현과 패턴을 확인해 보는 코너입니다. 문제를 풀며 표현들을 완벽히 내 것으로 만드세요.

확인학습 문제를 풀며 오늘 배운 표현을 완벽히 내 것으로 만드세요.

A | 영화 속 대화를 완성해 보세요.

MCQUEEN One winner. 42 losers. I ❶...................................... ❷...................................... say that?!
승자는 오직 하나. 42명의 패배자들. 난 아침으로 패배자들을 먹는다. 내가 예전에도 이런 말을 했단가?!

MATER – Yes sir, ya did. 네, 대장. 그랬었지.

MCQUEEN Aigh! Mater! 윽! 메이터야!

MATER ❸...................................... You used to say that ❹......................................
아이구, 난 창피해 그 말을 지겹도록 들었다고.

MCQUEEN Mater! ❺...................................... ❻......................................?!
메이터! 넌 이 안에서 뭐하고 있는 거야?

MATER Well, ❼...................................... be lonely. 어, 네가 외로울까 봐서.

MCQUEEN Well, thank you. But I'm ❽...................................... preparing ❾...................................... I need ❿......................................
어 그래, 고마워. 근데 내가 지금 경주 준비를 하는 중이라서. 조용히 혼자 좀 있어야 할 것 같아.

정답 A
❶ eat losers for breakfast
❷ Did I use to
❸ Shoot!
❹ all the time
❺ What are you doing in here
❻ I didn't want ya to
❼ kinda
❽ for a race
❾ a little quiet

3

차례

The First Piston Cup Race of the Season

시즌 첫 번째 피스톤컵 레이스

다시금 피스톤 컵 자동차 경주^{car racing}의 시즌이 찾아왔어요. 자동차 경주 계의 신예 스타 맥퀸은 번개^{lightning}처럼 빨라서 별명이 라이트닝 맥퀸(Lightning McQueen)이랍니다. 오늘은 올 시즌 처음으로 열리는 레이싱에 참여하기 위해 맥퀸이 절친 메이터와 함께 왔네요. 메이터는 금방이라도 주저앉을 것 같은 낡아빠진 고물 견인 트럭^{a beat-up old tow truck}이지만 더할 나위 없이 착하고 순수한^{innocent} 맥퀸의 절친^{best friend}이랍니다. 맥퀸의 멘토^{mentor}인 닥 허드슨을 위해서 이번 경주에서만큼은 꼭 챔피언이 되고 싶은 맥퀸을 우리 같이 응원하자고요!

Warm Up! 오늘 배울 표현

오늘 등장하는 표현들입니다. 어떤 표현이 들어가야 할지 생각해 보세요.

* I   losers   breakfast.   난 아침으로 패배자들을 먹는다.

* Did I   say that?!   내가 예전에도 이런 말을 했던가?

* You used to say that   .   넌 항상 그 말을 입에 달고 다녔어.

*   be lonely.   난 네가 외로워지는 걸 원하지 않았어.

* I'm   preparing for a race.   내가 지금 경주 준비를 해야 하거든.

MCQUEEN
맥퀸

One winner. 42 losers. I **eat** losers **for** breakfast.❶ Did I **use to** say that?!❷

승자는 오직 하나. 42명의 패배자들. 난 아침으로 패배자들을 먹지. 내가 예전에도 이런 말을 했던가?!

MATER
메이터

– Yes sir, ya did.

응. 대장. 그랬었지.

MCQUEEN
맥퀸

Aigh! Mater!

좋았어! 메이터!

MATER
메이터

Shoot. You used to say that **all the time**.❸

아이고. 넌 항상 그 말을 입에 달고 다녔었어.

MCQUEEN
맥퀸

Mater! What are you doing in here?!

메이터! 너 이 안에서 뭐하고 있는 거야?!

MATER
메이터

Well, **I didn't want ya to** be lonely.❹

아, 네가 외로울까 봐서.

MCQUEEN
맥퀸

Well, thank you. But I'm **kinda** preparing for a race.❺ I need a little quiet.

아 그래. 고마워. 근데 내가 지금 경주 준비를 해야 하거든. 조용히 혼자 좀 있어야 할 것 같아.

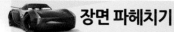
❶ **I eat losers for breakfast.** 난 아침으로 패배자들을 먹는다.

'아침/점심/저녁으로 ~을 먹다'라고 할 때는 eat something for breakfast/lunch/dinner라고 표현하면 돼요. '간식으로 ~을 먹다'는 eat something for snacks, '디저트로 ~을 먹다'는 eat something for dessert라고 하면 된답니다. 여기서 eat은 모두 have로 대체할 수도 있습니다.

* What do you usually **eat for** dinner? 당신은 주로 저녁으로 무엇을 먹나요?
* Let's **have** ice cream **for** dessert. 디저트로 아이스크림 먹자.

❷ **Did I use to say that?!** 내가 예전에도 이런 말을 했던가?!

〈used to + 동사〉는 '(예전에/한때) ~하곤 했다'라는 의미입니다. 많이 쓰이는 패턴이지요. 의문문이나 부정문에서는 used to가 did 다음에 나오기 때문에 'd'를 빼고 use to로 바꿔야 한답니다. 위 문장처럼 used to에서 'd'를 빼주는 거죠. 부정문에서도 I didn't use to say that. '난 그런 말을 자주 하지 않았었다' 이렇게 쓰입니다.

★ 영화 속 패턴 읽기

❸ **You used to say that all the time.** 넌 항상 그 말을 입에 달고 다녔어.

우리는 '항상, 늘'이라고 하면 always를 가장 먼저 떠올리죠? 그런데 구어체에서는 always만큼이나 같은 의미로 많이 쓰이는 표현이 all the time이랍니다.

* Jack comes here **all the time**. 잭은 여기 맨날 와.
* You are late **all the time**. 넌 항상 늦는구나.

❹ **I didn't want ya to be lonely.** 난 네가 외로워지는 걸 원하지 않았어.

Ya는 you의 구어체적 표현이기도 하고 사투리 표현이기도 해요. 여기에서는 you로 바꿔서 패턴정리를 해 볼게요. 'I didn't want you to + 동사'를 쓰면 '난 네가 ~하기를 원하지 않았어'라는 의미입니다. 'I want someone to + 동사', '난 ~가 ~하기를 원해'라고 더 넓게 확장해서 패턴을 적용해봐도 좋겠어요.

★ 영화 속 패턴 읽기

❺ **I'm kinda preparing for a race.** 내가 지금 경주 준비를 해야 하거든.

kinda는 kind of의 구어체적 표현으로 빨리 발음하므로 발음 나는 대로 하면 kind of가 kinda처럼 변한답니다. 본인의 의견을 너무 직접적이고 강하게 말하고 싶지 않을 때 에둘러 표현할 때 자주 쓰여요. 우리말로 '~ 같아, ~ 비슷해'와 같은 어감이에요.

* I **kinda** want to go home. 난 집에 가고 싶기도 해.
* She **kinda** doesn't like you. 그녀는 너를 별로 좋아하지 않는 것 같아.

영화 속 패턴 익히기

오늘 배운 장면에서 뽑은 핵심 패턴으로 다양한 표현을 만들어 보세요.

🎧 01-2.mp3

Did I use to + 동사   내가 ~을 하곤 했었나?

Step 1 기본 패턴 연습하기

1 **Did I use to** get up early in the morning? 내가 예전에 일찍 일어났었나?

2 **Did I use to** be pretty? 나도 한때는 예뻤나?

3 **Did I use to** study a lot? 내가 예전엔 공부를 많이 했었니?

4 ------------------------------ my brother Winnie the Pooh? 예전에 내가 내 동생을 위니 더 푸우라고 불렀었나?

5 ------------------------------ that? 내가 예전에 그렇게 생겼었나?

Step 2 패턴 응용하기 | used to + 동사

1 **I used to** love spaghetti. 나 예전엔 스파게티 정말 좋아했었어.

2 **Sharon used to** crack a lot of jokes. 샤론이 예전엔 농담을 정말 많이 했었지.

3 **We used to** be very close. 우리가 예전엔 정말 친했었는데.

4 ------------------------------ very popular. 그도 한때는 인기짱이었지.

5 ------------------------------ me this book when I was a kid. 어렸을 때 우리 엄마가 이 책을 읽어주곤 했어.

Step 3 실생활에 적용하기

A 예전에 만화영화 좋아했었니?

B Yes, I did. Actually I still do.

A 나도 그래!

A Did you use to like animated films?

B 응, 그랬지. 실은 아직도 좋아해.

A So do I!

정답 Step 1 4 Did I use to call 5 Did I use to look like Step 2 4 He used to be 5 My mom used to read

I didn't want you to + 동사

난 네가 ~하기를 원하지 않았어.

Step 1 기본 패턴 연습하기

1 **I didn't want you to** misunderstand me. 네가 오해하길 원하지 않았어.

2 **I didn't want you to** see me like this. 네가 이런 모습의 날 보길 원하지 않았어.

3 **I didn't want you to** be offended. 네가 기분 나쁘게 받아드리길 원치 않았어.

4 ＿＿＿＿＿＿＿＿＿＿＿ get hurt. 난 네가 상처받길 원하지 않았어.

5 ＿＿＿＿＿＿＿＿＿＿＿ about that. 난 네가 그것에 대해 알길 원하지 않았어.

Step 2 패턴 응용하기 ┃ I want someone to + 동사

1 **I want my mom to** stop telling me what to do. 우리 엄마가 나한테 이래라저래라 하지 않으면 좋겠어.

2 **I want you to be** there tonight. 오늘 밤에 네가 와주면 좋겠구나.

3 That's why **I want you to** stay away from him. 그래서 네가 그 사람을 가까이하지 않으면 하는 거야.

4 ＿＿＿＿＿＿＿＿＿＿＿ be there for me. 누군가 내 곁에 있어 줬으면 좋겠어.

5 ＿＿＿＿＿＿＿＿＿＿＿ be happy. 난 모두가 다 행복하길 원해.

Step 3 실생활에 적용하기

A Why didn't you tell me about your feelings for me before?

B 네가 날 떠나지 않기를 원해서 그랬어.

A I will never leave you.

A 왜 여태까지 나를 향한 네 감정에 대해서 이야기하지 않았니?

B I didn't want you to leave me.

A 난 널 절대 떠나지 않을 거야.

정답 Step 1 4 I didn't want you to 5 I didn't want you to know   Step 2 4 I want someone to 5 I want everyone to

A | 영화 속 대화를 완성해 보세요.

MCQUEEN One winner. 42 losers. I ❶⎽⎽⎽⎽⎽⎽⎽⎽⎽⎽⎽⎽⎽⎽⎽⎽⎽⎽⎽⎽.
❷⎽⎽⎽⎽⎽⎽⎽⎽⎽⎽⎽⎽⎽⎽⎽⎽ say that?!
승자는 오직 하나. 42명의 패배자들. 난 아침으로 패배자들을 먹는다. 내가 예전에도 이런 말을 했던가?

MATER – Yes sir, ya did.
응, 대장. 그랬었지.

MCQUEEN Aigh! Mater!
좋았어! 메이터!

MATER ❸⎽⎽⎽⎽⎽⎽. You used to say that ❹⎽⎽⎽⎽⎽⎽⎽⎽⎽⎽⎽⎽.
아이고, 넌 항상 그 말을 입에 달고 다녔었어.

MCQUEEN Mater! ❺⎽⎽⎽⎽⎽⎽⎽⎽⎽⎽⎽⎽⎽⎽⎽⎽⎽⎽?!
메이터! 너 이 안에서 뭐하고 있는 거야?!

MATER Well, ❻⎽⎽⎽⎽⎽⎽⎽⎽⎽⎽⎽⎽⎽⎽⎽ be lonely.
아, 네가 외로울까 봐서.

MCQUEEN Well, thank you. But I'm ❼⎽⎽⎽⎽⎽⎽⎽ preparing
❽⎽⎽⎽⎽⎽⎽⎽⎽⎽⎽⎽. I need ❾⎽⎽⎽⎽⎽⎽⎽⎽⎽.
아 그래, 고마워. 근데 내가 지금 경주 준비를 해야 하거든. 조용히 혼자 좀 있어야 할 것 같아.

B | 다음 빈칸을 채워 문장을 완성해 보세요.

1 나도 한때는 예뻤나?
⎽⎽⎽⎽⎽⎽⎽⎽⎽⎽⎽⎽⎽⎽⎽⎽⎽⎽⎽⎽⎽⎽⎽⎽ be pretty?

2 예전엔 스파게티 정말 좋아했었어.
⎽⎽⎽⎽⎽⎽⎽⎽⎽⎽⎽⎽⎽⎽⎽⎽⎽⎽⎽⎽⎽⎽⎽⎽ love spaghetti.

3 그도 한때는 인기짱이었지.
⎽⎽⎽⎽⎽⎽⎽⎽⎽⎽⎽⎽⎽⎽⎽⎽⎽⎽⎽⎽⎽⎽⎽⎽ very popular.

4 난 네가 상처받길 원하지 않아.
⎽⎽⎽⎽⎽⎽⎽⎽⎽⎽⎽⎽⎽⎽⎽⎽⎽⎽⎽⎽⎽⎽⎽⎽ get hurt.

5 난 모두가 다 행복하길 원해.
⎽⎽⎽⎽⎽⎽⎽⎽⎽⎽⎽⎽⎽⎽⎽⎽⎽⎽⎽⎽⎽⎽⎽⎽ be happy.

Glory Days
영광스러운 나날들

늘 우승을 도맡아 하며 거칠 것 없이^{fearlessly} 잘 나가는 맥퀸은 그와 함께 레이싱계 최상위권에 있는^{in highest class} 경쟁자이자^{competitor} 친구들인 바비 스위프트와 캘 웨더즈와 함께 서로 놀리기도 하고^{make fun of each other} 응원도^{cheer} 하며 즐거운 시간을 보내고 있어요. 젊고 활력이 넘치는^{energetic} 그들을 보고 있노라면 보고 있는 사람들도 같이 즐거워진다니까요. 하지만 그들의 시대가 언제까지고 계속될 수는 없는 법. 이제 곧 그들에게 큰 위기가 닥쳐올 것만 같은데, 그들이 잘 이겨낼 수 있을까요?

Warm Up! 오늘 배울 표현 오늘 등장하는 표현들입니다. 어떤 표현이 들어가야 할지 생각해 보세요.

* Stop winning, _____. 그만 좀 이기라고, 제발.
* We're _____ bumper cream to sell! 범퍼 크림이 동나서 팔 수도 없을 지경이라고!
* _____ competitor? 내가 제일 좋아하는 경쟁자님 잘 지내는가?
* _____. 언제든 말만 해.
* I'll _____ Cal _____ the Dinoco team and replace him with you.
  내가 캘을 다이노코 팀에서 쫓아내고 그 녀석 대신에 너를 넣어줄 테니까.

MCQUEEN
맥퀸

Hey! Are my sponsors happy today?

이봐! 내 스폰서들이 오늘 기뻐하던가?

DUSTY
더스티

Stop winning, **for crying out loud.**❶ We're **running out of** bumper cream to sell!❷

그만 좀 이기라고, 제발. 범퍼 크림이 동나서 팔 수도 없을 지경이라고!

TEX
텍스

Lightning McQueen!

라이트닝 맥퀸!

MCQUEEN
맥퀸

Hey, Big Tex! **How's my favorite** competitor?❸

빅 텍스! 내가 제일 좋아하는 경쟁자님 잘 지내는가?

TEX
텍스

Just say the word❹ and I'll **boot** Cal **off** the Dinoco team and replace him with you.❺

언제든 말만 해. 내가 캘을 다이노코 팀에서 쫓아내고 그 녀석 대신에 너를 넣어줄 테니까.

CAL WEATHERS
캘 웨더즈

You know I can hear you, right? I'm right here!

다 들린다고, 응? 나 여기 있어.

MCQUEEN
맥퀸

Bye, Cal. See you next week... Or not!

잘 가, 캘. 다음 주에 보자고… 아니면 말고!

TEX
텍스

Oh come on now, I'm joking.

이거 왜 이래. 난 농담이었다고.

14

❶ Stop winning, for crying out loud. 그만 좀 이기라고, 제발.

감정이 격해질 때, 특히 상대방이 나의 화를 돋우거나 답답할 때 쓰는 표현이에요. 주 내용을 말한 후 문장의 뒤에 들어가는 경우가 많고, 때때로 문장의 앞에 오기도 합니다.

* Stop yelling at me, **for crying out loud.** 나한테 소리 좀 지르지 말라고, 제발.
* **For crying out loud,** that's not what I'm saying. 아 정말, 내가 하는 말은 그게 아니라니까.

❷ We're running out of bumper cream to sell! 범퍼 크림이 동나서 팔 수도 없을 지경이라고!

Run out of something은 필요한 것이 점점 고갈되어 가거나 동이 나서 모자라게 되는 상황에 쓰는 표현이에요. 일반적으로 시간, 돈 이야기를 할 때 많이 쓴답니다. ★영화 속 때턴 익히기

❸ How's my favorite competitor? 내가 제일 좋아하는 경쟁자님 잘 지내는가?

How are you?라고 하면 '안녕하신가요?', '잘 지내시죠?'라는 의미의 인사말이죠. 이 문장 형식을 그대로 유지하면서 you 대신에 'my favorite + 명사'를 쓰면 내가 아끼고 좋아하는 사람에게 더 호의적으로 표현할 수 있답니다. ★영화 속 때턴 익히기

❹ Just say the word. 언제든 말만 해.

이 문장을 직역하면 '그냥 그 말을 해'인데, 실제 담고 있는 의미로 의역하면 '언제든 무엇이든 네가 원하는 것을 말만 하면 내가 다 들어줄게' 라는 의미예요.

* **Just say the word.** I'll do whatever you want. 말만 해. 네가 원하는 게 뭐든 다 해줄게.
* Your wish is my command. **Just say the word.** 뭐든 분부대로 다 하겠습니다. 말씀만 하십시오.

❺ I'll boot Cal off the Dinoco team and replace him with you.
내가 캘을 다이노코 팀에서 쫓아내고 그 녀석 대신에 너를 넣어줄 테니까.

Boot는 명사로 쓰일 때는 복수로 써서 목이 긴 신발 바로 boots가 되지만, 동사로 쓰면 구어체에서는 '(재빠르게) 세게 차다'라는 뜻이 있어요. Kick하고 비슷한 어감이랍니다. 그래서 boot someone off라고 하면 '~를 (모임이나 활동에서) 제외시키다/쫓아내다'라는 뜻이 된답니다. 물론, 이 단어가 컴퓨터를 켤 때 부팅한다는 의미로 쓰이기도 하지요.

* Linda was **booted off** the show because she was a terrible singer.
  린다는 노래를 너무 못해서 쇼에서 제외되었다.

* We are going to **boot** you **off** the team if you keep doing that.
  너 계속 그런 식으로 하면 우리 팀에서 추방할 거야.

🎧 02-2.mp3

We're running out of + 명사
우린 ~을 거의 다 써서 모자랄 지경이다.

Step 1 기본 패턴 연습하기

1 **We're running out of** gas. (차에) 기름이 바닥나고 있어.

2 **We're running out of** time. 이제 시간이 거의 없어.

3 **We're running out of** money. 돈늘 거의 다 썼어.

4 _____ things to say. 이제 더 이상 할 말이 없을 지경이네.

5 _____. 우린 쌀이 부족할 지경에 이르렀어.

Step 2 패턴 응용하기 | run out of + 명사

1 Terry **ran out of** clothes to wear for school. 테리는 학교에 입고 갈 옷이 없을 지경이 됐다.

2 I'm **running out of** books to read. 난 (가지고 있는 책을 다 읽어서) 더 이상 읽을 책이 없을 지경이야.

3 Are you **running out of** things to talk about? 이제 더 이상 나눌 만한 이야깃거리가 없니?

4 My computer _____ space. 내 컴퓨터에 저장 공간이 부족해졌어.

5 His smartphone _____ battery. 그의 스마트폰에 배터리가 거의 다 됐다.

Step 3 실생활에 적용하기

A Do we have enough food?	A 우리 먹을 것 충분하니?
B 아니, 이제 거의 다 먹어서 별로 안 남았어.	B No, we are running out of things to eat.
A We are in big trouble.	A 큰일이네.

정답 Step 1 4 We're running out of 5 We're running out of rice Step 2 4 ran out of 5 is running out of

🎧 02-3.mp3

How's my favorite + 명사   내가 제일 좋아하는 ~ 잘 지내니?

Step 1   기본 패턴 연습하기

1   **How's my favorite** aunt? 내가 제일 좋아하는 이모 잘 지내시죠?

2   **How's my favorite** girl? 내가 제일 좋아하는 소녀 잘 지내니?

3   **How's my favorite** client? 제가 제일 좋아하는 고객님 잘 지내시죠?

4   _____ patient? 제가 제일 좋아하는 환자님 안녕하시죠?

5   _____? 내가 제일 좋아하는 학생 잘 지내니?

Step 2   패턴 응용하기 | How's my + 형용사 + 명사

1   **How's my** lovely wife today? 나의 사랑스러운 아내님 오늘 안녕하신가요?

2   **How's my** precious little princess? 우리 소중한 꼬마 공주님 잘 지내니?

3   **How's my** brave little patient this morning? 나의 용감한 꼬마 환자님 오늘 아침도 안녕하시죠?

4   _____ husband today? 나의 잘 생긴 남편님 오늘 안녕하신가요?

5   _____ dear old friend? 나의 사랑하는 오랜 벗이여 안녕하신가?

Step 3   실생활에 적용하기

A 내가 제일 좋아하는 우리 조카 따님 오늘 안녕하신가요?	A How's my favorite niece today?
B Uncle Sam, I missed you.	B 샘 삼촌, 보고 싶었어요.
A 나도 보고 싶었단다!	A I missed you, too!

정답   Step 1 4 How's my favorite 5 How's my favorite student   Step 2 4 How's my handsome 5 How's my

확인학습
문제를 풀며 오늘 배운 표현을 완벽히 내 것으로 만드세요.

A | 영화 속 대화를 완성해 보세요.

MCQUEEN Hey! Are my sponsors ❶ _____?
이봐! 내 스폰서들이 오늘 기뻐하던가?

DUSTY Stop winning, ❷ _____. We're ❸ _____ bumper cream to sell!

그만 좀 이기라고, 제발. 범퍼 크림이 동나서 팔 수도 없을 지경이라고!

TEX Lightning McQueen!
라이트닝 맥퀸!

MCQUEEN Hey, Big Tex! ❹ _____ competitor?
빅 텍스! 내가 제일 좋아하는 경쟁자님 잘 지내는가?

TEX ❺ _____ and I'll ❻ _____ the Dinoco team and ❼ _____ with you.
언제든 말만 해. 내가 캘을 다이노코 팀에서 쫓아내고 그 녀석 대신에 너를 넣어줄 테니까.

CAL WEATHERS You know ❽ _____, right? I'm right here!
다 들린다고, 응? 나 여기 있어.

MCQUEEN Bye, Cal. See you ❾ _____... Or not!
잘 가, 캘. 다음 주에 보자고… 아니면 말고!

TEX Oh come on now, ❿ _____.
이거 왜 이래. 난 농담이었다고.

정답 A
❶ happy today
❷ for crying out loud
❸ running out of
❹ How's my favorite
❺ Just say the word
❻ boot Cal off
❼ replace him
❽ I can hear you
❾ next week
❿ I'm joking

B | 다음 빈칸을 채워 문장을 완성해 보세요.

1 이제 시간이 거의 없어.
   We're _____.

2 난 (가지고 있는 책을 다 읽어서) 더 이상 읽을 책이 없을 지경이야.
   I'm _____ books to read.

3 우리 이제 먹을 게 별로 안 남았어.
   _____ things to eat.

4 내가 제일 좋아하는 학생 잘 지내니?
   _____?

5 나의 잘 생긴 남편님 오늘 안녕하신가요?
   _____ husband today?

정답 B
1 running out of time
2 running out of
3 We are running out of
4 How's my favorite student
5 How's my handsome

18

"Rookie Sensation" Jackson Storm

신예 돌풍, 잭슨 스톰

갑자기 등장한 신예^{rookie} 레이서 잭슨 스톰이 모두를 제치고 당당히 레이싱 대회에서 우승하면서 레이싱계를 바짝 긴장시킵니다. 그 중에서도 가장 긴장한^{nervous} 이는 아무래도 라이트닝 맥퀸이겠죠. 하지만 맥퀸은 전혀 긴장하지 않고 패배를^{defeat} 인정하며^{accept} 쿨하게 잭슨 스톰에게 우승을 축하한다며 말을 건넵니다. 그런데 대선배 맥퀸을 대하는 잭슨의 태도가^{attitude} 뭔가 이상해 보이네요. 겉으로는 예의를 차린 듯 행동하지만 은근 빈정대며^{sarcastic} 말합니다.

Warm Up! 오늘 배울 표현   오늘 등장하는 표현들입니다. 어떤 표현이 들어가야 할지 생각해 보세요.

* ⬛⬛⬛⬛⬛ 스타를 보고 놀란척하듯

* ⬛⬛⬛⬛⬛⬛⬛ what a pleasure it is for me to finally beat you.
  마침내 제가 당신을 이기다니 정말 얼마나 기쁜지 모르실 거예요.

* ⬛⬛⬛. 잠깐.

* ⬛⬛⬛⬛⬛ "meet" ⬛⬛⬛ "beat?" 지금 '미트(만나다)'라고 했나, 아니면 '비트(이기다)'라고 했나?

* ⬛⬛⬛, get a ton of pictures! 뭐, 얼마든지 찍으시라고요!

19

MCQUEEN
맥퀸

Hey, Jackson Storm, right? Great race today.
이 봐, 잭슨 스톰, 맞지? 오늘 레이스 멋졌어.

JACKSON STORM
잭슨 스톰

(**faux star-struck**)❶ Wow! Thank you, Mr. McQueen. **You have no idea** what a pleasure it is for me to finally beat you.❷
(스타를 보고 놀란척하듯) 와우! 고마워요, 맥퀸 씨. 마침내 제가 당신을 이기다니 정말 얼마나 기쁜지 모르실 거예요.

MCQUEEN
맥퀸

Oh thanks!
오 고맙군!

MCQUEEN
맥퀸

(follows after) Wait. **Hang on...**❸ **Did you say** "meet" or "beat?"❹
(뒤를 따라가며) 기다려. 잠깐… 지금 '미트(만나다)'라고 했나, 아니면 '비트(이기다)'라고 했나?

JACKSON STORM
잭슨 스톰

I think you heard me.
내 생각엔 네가 내 말을 잘 알아들은 것 같은데.

MCQUEEN
맥퀸

Uhh, What?
어, 뭐라고?

REPORTERS
기자들

McQueen! Storm! Over here! Can we get some pictures?
맥퀸! 스톰! 여기요! 사진 좀 찍어도 될까요?

JACKSON STORM
잭슨 스톰

Yeah, yeah, come on. Let's get a picture! **You know what**, get a ton of pictures!❺ Because Champ here has been a role model of mine for years now! And I mean a LOT of years! Right? I love this guy!
네, 네, 어서요. 사진 찍으세요! 뭐, 얼마든지 찍으시라고요! 왜냐면 여기 계신 챔피언 분이 벌써 수년 동안 저의 롤모델이거든요. 그러니까 정말 오랜 세월 동안 말이에요. 그쵸? 난 이분이 너무 좋아요!

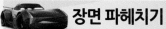
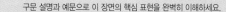

❶ **faux star-struck** 스타를 보고 놀란척하듯

faux는 형용사로 '모조의, 가짜의'라는 뜻이에요. X는 묵음입니다. star-struck은 '인기스타에게 완전히 반한/깜짝 놀란'이라는 의미의 합성어인데 예전부터 있던 말은 아니고 신조어에 가깝답니다. 문예체로 주로 쓰이는 단어 중 awestruck '경이로워하는, 위엄에 눌린'이라는 단어가 있는데 그 단어에서 파생된 것이 아닐까 추측합니다.

* She was **star-struck** when she saw GD. 그녀는 GD를 보고 너무 멋있어서 정말 놀랐다.
* I was **star-struck** by Tom Cruise and I didn't know what to say.
  난 톰 크루즈를 보고 너무 멋있어서 깜짝 놀라 무슨 말을 해야 할지 몰랐어.

❷ **You have no idea what a pleasure it is for me to finally beat you.**
마침내 제가 당신을 이기다니 정말 얼마나 기쁜지 모르실 거예요.

상대방에게 지금 말하고 있는 것, 혹은 그 상황이 얼마나 크고 대단한 일인지 모를 것이라며 아주 강하게 그 느낌을 전달할 때 쓰는 패턴이 You have no idea ~랍니다. 다시 말해, '상상도 못 할 것이다/전혀 모를 것이다'는 어감으로 쓰는 말이에요.

★영화 속 패턴 익히기

❸ **Hang on.** 잠깐.

'잠깐'이라고 할 때 우리가 주로 쓰는 표현은 wait (a minute/second) 혹은 hold on 정도인데, 원어민들은 hang on이라는 표현을 즐겨 쓴답니다. 뒤에 a minute/second를 붙여서 Hang on a minute/second! 이라고 쓸 수 있어요.

* **Hang on** a minute. I need to talk to you. 잠시만. 내가 너에게 할 말이 좀 있어.
* **Hang on**. Let me get a pen. 잠시만요. 펜을 가져올게요.

❹ **Did you say "meet" or "beat?"** 지금 '미트(만나다)'라고 했나, 아니면 '비트(이기다)'라고 했나?

상대방이 무슨 말을 했는데 잘 못 알아들었거나 그 사람이 한 말이 믿기지 않을 때 '지금 ~라고 한 거예요. 아니면 ~라고 한 거예요?'라고 물을 때 이 패턴을 씁니다. 주로 발음이 비슷한 단어가 상반된 혹은 많이 다른 뉘앙스가 있을 때 정확히 확인하고자 이 표현을 쓰지요.

★영화 속 패턴 익히기

❺ **You know what, get a ton of pictures!** 뭐, 얼마든지 찍으시라고요!

You know what은 특별한 뜻이 있지 않지만, 구어체에서 문장을 시작하기 전에 상대방의 주위를 환기하는 표현으로 많이 쓰입니다. 재미있거나 놀라운 의견, 소식 등을 말할 때 주로 씁니다.

* **You know what**, I don't want to talk about that. 있잖아, 난 그 얘기 하고 싶지 않아.
* **You know what**, I'll take care of the bill. 근데 말이야, 이건 내가 쏠게.

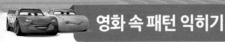

영화 속 패턴 익히기 오늘 배운 장면에서 뽑은 핵심 패턴으로 다양한 표현을 만들어 보세요.

🎧 03-2.mp3

You have no idea ~

~는 전혀 상상도 못 하실 거예요.

Step 1 기본 패턴 연습하기

1 **You have no idea** how happy I am. 넌 내가 얼마나 행복한지 상상도 못 할 거야.

2 **You have no idea** what it means to me. 이것이 나에게 어떤 의미인지 넌 전혀 모를 거야.

3 **You have no idea** how much money I spent for this.
이것 때문에 내가 돈을 얼마나 많이 썼는지 넌 상상도 못할 거야.

4 .... she would do for you. 그녀가 널 위해 무엇까지 할 수 있는지 넌 전혀 몰라.

5 .... high I can jump. 내가 얼마나 높이 점프할 수 있는지 넌 상상도 못 할 거야.

Step 2 패턴 응용하기 | Do you have any idea ~?

1 **Do you have any idea** how great this is? 이게 얼마나 대단한 건지 너 알기는 하니?

2 **Do you have any idea** who my father is? 우리 아버지가 누군지 당신 알기는 하고 이러는 거예요?

3 **Do you have any idea** who you are dealing with? 당신 지금 누구를 상대하고 있는 건지 알고 이러나?

4 .... where he might be? 그가 어디에 있는지 뭐 조금이라도 짐작는 거 없니?

5 .... you have done? 너 지금 네가 지금 무슨 짓을 한 건지 알기는 하니?

Step 3 실생활에 적용하기

A Are you that happy?

B 내가 지금 얼마나 기분이 좋은지 넌 상상도 못 할 거야!

A Seeing your smile makes me happy.

A 그렇게 좋니?

B You have no idea how happy I am now!

A 네가 웃는 모습을 보니 나도 기분이 좋구나.

정답 Step 1 4 You have no idea what 5 You have no idea how Step 2 4 Do you have any idea 5 Do you have any idea what

Did you say ~ or ~?

너 지금 방금 ~라고 했니 아니면 ~라고 했니?

Step 1 기본 패턴 연습하기

1 **Did you say** leave **or** live? 너 지금 '떠난다'고 했니 아니면 '산다'고 했니?

2 **Did you say** weird **or** nerd? 너 지금 '이상한'이라고 했니 아니면 '따분한 사람'이라고 했니?

3 **Did you say** sleep **or** sweep? 너 지금 '자다'라고 했니 아니면 '쓸다'라고 했니?

4 _____ rub? 너 지금 '사랑'이라고 했니 아니면 '문지르다'라고 했니?

5 _____ wash? 너 지금 '보다'라고 했니 아니면 '씻다'라고 했니?

Step 2 패턴 응용하기 | Did she/he say ~ or ~?

1 **Did she say** go **or** no? 그녀가 지금 '가다'라고 했어 아니면 '아니'라고 했어?

2 **Did he say** sad **or** bad? 그가 지금 '슬픈'이라고 했어 아니면 '나쁜'이라고 했어?

3 **Did she say** better **or** bitter? 그녀가 지금 '더 좋은'이라고 했어 아니면 '쓴'이라고 했어?

4 _____ tweet? 그가 지금 '만나다'라고 했어 아니면 '트위터로 얘기하자'라고 했어?

5 _____ hate? 그가 지금 '때리다'라고 했어 아니면 '미워한다'라고 했어?

Step 3 실생활에 적용하기

A I don't want to live here!

B 여기 '살고 싶지 않다'고 한 거니 아니면 여기를 '떠나고 싶지 않다'고 한 거니?

A You heard what I said.

A 여기 살고 싶지 않아요!

B Did you say you want to don't live here or leave here?

A 다 알아들으셨으면서.

정답 Step 1 4 Did you say love or 5 Did you say watch or Step 2 4 Did he say meet or 5 Did he say hit or

23

A | 영화 속 대화를 완성해 보세요.

MCQUEEN   Hey, Jackson Storm, right? ❶ _____.
이 봐, 잭슨 스톰, 맞지? 오늘 레이스 멋졌어.

JACKSON STORM   (❷ _____) Wow! Thank you, Mr. McQueen. ❸ _____ what a pleasure it is for me to finally beat you. (스타를 보고 놀란척하듯) 와우! 고마워요, 맥퀸 씨. 마침내 제가 당신을 이기다니 정말 얼마나 기쁜지 모르실 거예요.

MCQUEEN   Oh thanks! 오 고맙군!

MCQUEEN   (follows after) Wait. ❹ _____... ❺ _____ "beat?" (뒤를 따라가며) 기다려, 잠깐… 지금 '미트(만나다)'라고 했나, 아니면 '비트(이기다)'라고 했나?

JACKSON STORM   I think ❻ _____.
내 생각엔 네가 내 말을 잘 알아들은 것 같은데.

MCQUEEN   Uhh, What? 어, 뭐라고?

REPORTERS   McQueen! Storm! Over here! Can we ❼ _____ _____? 맥퀸! 스톰! 여기요! 사진 좀 찍어도 될까요?

JACKSON STORM   Yeah, yeah, come on. Let's get a picture! ❽ _____, get a ton of pictures! Because Champ here ❾ _____ of mine for years now! And ❿ _____ a LOT of years! Right? I love this guy! 네, 네, 어서요. 사진 찍으세요! 뭐, 얼마든지 찍으시라고요! 왜냐면 여기 계신 챔피언 분이 벌써 수년 동안 저의 롤모델이거든요. 그러니까 정말 오랜 세월 동안 말이에요. 그죠? 난 이분이 너무 좋아요!

B | 다음 빈칸을 채워 문장을 완성해 보세요.

1   넌 내가 얼마나 행복한지 상상도 못 할 거야.
_____ happy I am.

2   내가 얼마나 높이 점프할 수 있는지 넌 상상도 못 할 거야.
_____ high I can jump.

3   너 지금 네가 지금 무슨 짓을 한 건지 알기는 하니?
_____ you have done?

4   너 지금 '보다'라고 했니 아니면 '씻다'라고 했니?
_____ wash?

5   그녀가 지금 '때리다'라고 했어 아니면 '미워하다'라고 했어?
_____ hate?

Next Generation Racers

차세대 레이서들

광풍을^{a gust of wind} 몰고 온 신예 잭슨 스톰의 등장으로 자동차 레이싱계의 판도가 완전히 뒤바뀌었네요. 잭슨 스톰 뿐만 아니라 첨단기술을^{high-tech} 앞세운 차세대 레이서들이^{next generation racers} 대거 등장하면서 베테랑^{veteran} 레이서들은 그들의 자리가 위태해집니다. 과연 이 상황 속에서 우리의 영웅 라이트닝 맥퀸의 자리는 안전할까요? 안전해 보이기는커녕 맥퀸의 왕위^{the throne} 자리마저 송두리째 빼앗길 위기에^{crisis} 처합니다. 모든 언론과 대중들의 관심이 잭슨 스톰에게만 쏠려서 맥퀸이 왠지 초라해^{shabby} 보이네요.

Warm Up! 오늘 배울 표현   오늘 등장하는 표현들입니다. 어떤 표현이 들어가야 할지 생각해 보세요.

* _____. 지금 방금 들어 온 소식입니다.

* _____ enjoyed it _____ if I'd beaten McQueen myself.
  제가 직접 맥퀸의 코를 납작하게 했더라면 훨씬 더 좋았겠지만 말이에요.

* _____ be here.   이 쇼에 출연하게 돼서 기뻐요.

* Why is he so _____?   도대체 그 친구는 왜 이렇게 빠른 건가요?

* _____ if you study the data.   데이터를 연구해 보면 불가사의할 게 전혀 없답니다.

CHICK HICKS
칙 힉스

Welcome back to Chick's Picks with Chick Hicks! I'm your host, former-and-forever Piston Cup Champion Chick Hicks... Doot doot doot do!
This just in:❶ Rookie Jackson Storm slams the proverbial door on Lightning McQueen. Ooooh... **I couldn't have** enjoyed it **more** if I'd beaten McQueen myself.❷ Oh wait, I have!

'칙 힉스와 함께하는 여자의 선택'에 다시 오신 걸 환영합니다. 전─그리고─영원한 피스톤 컵 챔피언 칙스 힉스가 오늘 여러분의 호스트입니다. 뚯 뚯 뚯 두!
지금 방금 들어 온 소식입니다: 루키 색슨 스톰이 그 유명한 라이트닝 맥퀸의 문을 멋지게 쾅 하고 닫아버렸다는군요. 우우… 아마도 제가 직접 맥퀸의 코를 납작하게 했더라도 이보다 너 즐기긴 못했을 거예요. 아, 잠깐, 제가 더 즐겼네요!

CHICK HICKS
칙 힉스

But enough about me, here to tell you how it happened is professional number cruncher, Miss Natalie Certain!

자 이제 제 얘기는 그만하고, 이곳에 숫자 계산전문가이신 나탈리 서틴 씨를 모셨습니다!

NATALIE CERTAIN
나탈리 서틴

It's a pleasure to be here, Chick.❸ And actually, I prefer the term, statistical analyst.

이 쇼에 출연하게 돼서 기뻐요. 칙. 아 그리고, 저는 통계 분석 전문가라고 불러 주시면 더 좋을 것 같네요.

CHICK HICKS
칙 힉스

Right. So... Who is this mysterious newcomer Jackson Storm, and why is he so **darn fast**?❹

그렇군요. 그래서… 이 불가사의한 신예 잭슨 스톰이라는 자는 누구인가요? 그리고 도대체 그 친구는 왜 이렇게 빠른 건가요?

NATALIE CERTAIN
나탈리 서틴

It's no mystery if you study the data, Mr. Hicks.❺ Jackson Storm is part of the next generation of high-tech racers – unlike the veterans of yesterday-

데이터를 연구해 보면 불가사의할 게 전혀 없답니다. 힉스. 잭슨 스톰은 첨단기술을 갖춘 다음 세대의 일부입니다 – 지난 세대의 베테랑들과는 다르게 말이죠.

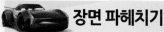

장면 파헤치기 구문 설명과 예문으로 이 장면의 핵심 표현을 완벽히 이해하세요.

❶ This just in. 지금 방금 들어 온 소식입니다.

뉴스에서 속보를 전하면서 '지금 방금 들어온 소식입니다'라고 할 때 쓰는 표현이에요. 원래는 방송에서 쓰는 표현인데, 평상시에도 친구들에게 '내가 지금 방금 전해 들은 따끈따끈한 소식이야'라고 하면서 뉴스 앵커들이 말하듯이 할 수도 있어요.

* **This just in:** Hurricane watches has been issued in Busan. 속보입니다. 부산에 폭풍주의보가 발효되었습니다.
* **This just in:** An earthquake just occurred in Japan. 속보입니다. 일본에 지금 방금 지진이 발생했습니다.

❷ I couldn't have enjoyed it more if I'd beaten McQueen myself.
제가 직접 맥퀸의 코를 납작하게 했더라도 이보다 더 즐기지 못했을 거예요.

자신이 이미 한 일 혹은 하지 못했던 일에 대해 자책할 때 〈could have + 과거분사〉 '~할 수도 있었는데' 패턴을 씁니다. 위의 문장에서처럼 couldn't have로 부정형으로 쓰일 때는 주로 뒤에 비교급이 따라오면서 '이보다 더 ~할 수는 없었다'라는 의미로 쓰입니다.

* **She couldn't have** been **happier.** 그녀가 정말 많이 기뻐했다.
* **I couldn't have** done it any **better** myself. 제가 했어도 이보다 더 잘할 수는 없었을 거예요.

❸ It's a pleasure to be here. 이 쇼에 출연하게 돼서 기뻐요.

만나서 반갑다고 할 때 많이 쓰는 표현은 (It's) nice to meet you.이지만, 격식을 차려서 표현할 때는 It's a pleasure to meet you.라고 해요. 방송에 처음 출연하거나 어떤 자리에 처음 참석할 때 It's a pleasure to be here.이라고 하는데 It's a pleasure to 부분을 패턴으로 활용할 수 있습니다. ★영화속패턴익히기

❹ Why is he so darn fast? 도대체 그 친구는 왜 이렇게 빠른 건가요?

Darn은 못마땅하거나 약간 거친 말로 강조할 때 형용사 앞에 쓰는 부사예요. 미성년자들이 보는 영화나 드라마에서 damn 대신에 쓰는 가벼운 욕설이라고 보면 됩니다. 의미로 보자면 '끝내주게, 지독히, 정말 대단히, 이런 젠장' 정도의 뜻으로 쓰이지요.

* It's **darn humid** today. 오늘 정말 날씨가 지독히 습하네.
* You did a **darn good** job. 자네 정말 엄청 잘했구먼!

❺ It's no mystery if you study the data. 데이터를 연구해 보면 불가사의할 게 전혀 없답니다.

It's no mystery는 '(알고 보면/생각해 보면) ~한 게 (별로) 불가사의한/놀랄/신기해할 일이 아니다'라는 패턴이에요. 비슷한 상황에서 It's no wonder… '~한 것이 당연하다, ~할 만도 하다'라는 표현도 쓸 수 있습니다. ★영화속패턴익히기

27

🎧 04-2.mp3

It's a pleasure to ~

~하게 돼서 기뻐요.

Step 1 기본 패턴 연습하기

1 **It's a pleasure to** meet you. 당신을 만나게 돼서 반가워요.

2 **It's a pleasure to** hear from you. 당신이 이렇게 연락을 주셔서 기뻐요.

3 **It's a pleasure to** coach this team. 이 팀의 코치를 맡게 돼서 기뻐요.

4 _____ with you all. 여러분들과 함께 일할 수 있게 돼서 기뻐요.

5 _____ have him here. 그가 여기에 같이 참여하게 돼서 기뻐요.

Step 2 패턴 응용하기 | 주어 + be동사 + pleased to ~

1 **I'm pleased to** be here. 여기에 오게 돼서 기뻐요.

2 **We're pleased to** hear that. 우리는 그 얘기를 들으니 기쁘군요.

3 **She's pleased to** be back. 그녀는 다시 돌아와서 기뻐하고 있어요.

4 Mia _____ see Henry. 미아는 헨리를 만나게 돼서 반가워하고 있어요.

5 _____ with the LA Dodgers. 제 아들이 LA 다저스에 합류하게 돼서 기뻐합니다.

Step 3 실생활에 적용하기

A 당신과 연락이 닿아서 기뻐요.	A It's a pleasure to be in touch with you.
B You too.	B 저도 기뻐요.
A 우리 서로 더 자주 연락할 수 있었으면 좋겠어요.	A I hope we can talk to each other more often.

정답 Step 1 4 It's a pleasure to work 5 It's a pleasure to Step 2 4 is pleased to 5 My son is pleased to be

It's no mystery ~

알고 보면 ~한 게 놀랄 일이 아니다.

Step 1 기본 패턴 연습하기

1 **It's no mystery** he is so popular. 그가 그렇게 인기가 있는 건 이상할 게 하나도 없어.

2 **It's no mystery** they love staying home all day. 그들이 온종일 집에 있는 걸 좋아할 만도 해.

3 **It's no mystery** if you consider how strong he is. 그가 얼마나 힘이 센지를 고려하면 이상할 것도 없어.

4 ───────────────── are so close. 그들이 그렇게 친하다는 게 신기할 것도 아냐.

5 ───────────────── doesn't like Jackson. 그녀가 잭슨을 좋아하지 않는다고 놀랄 일도 아니네.

Step 2 패턴 응용하기 ┃ It's no wonder ~

1 **It's no wonder** they lose all the time. 그들이 왜 맨날 지는지 알만하다.

2 **It's no wonder** he has so many friends. 그에게 친구가 많은 이유를 알겠네.

3 **It's no wonder** you are so built. 네가 왜 몸이 이렇게 좋은 건지 알겠구나.

4 ───────────────── doesn't want to get a job. 그녀가 직장을 원하지 않는 이유를 알겠어.

5 ───────────────── Laura was so upset. 로라가 왜 그렇게 화가 났었는지 알겠다.

Step 3 실생활에 적용하기

A 어디 출신이세요?

B I'm from New York.

A 당신이 뉴욕에 대해서 그렇게 많이 안다는 게 신기할 게 없군요.

A Where are you from?

B 전 뉴욕에서 왔어요.

A It's no mystery you know so much about New York.

정답 Step 1 4 It's no mystery they 5 It's no mystery she   Step 2 4 It's no wonder she 5 It's no wonder

A | 영화 속 대화를 완성해 보세요.

CHICK HICKS　❶........................... Chick's Picks with Chick Hicks! I'm your host, former-and-forever Piston Cup Champion Chick Hicks... Doot doot doot do!

❷...........................: Rookie Jackson Storm slams the proverbial door on Lightning McQueen. Ooooh... ❸........................... if I'd beaten McQueen myself. Oh wait, I have!

'칙 힉스와 함께하는 여자의 선택'에 다시 오신 걸 환영합니다. 전-그리고-영원한 피스톤 컵 챔피언 칙스 힉스기 오늘 여러분의 호스트입니다. 뚯 뚯 뚯 두!
지금 방금 들어 온 소식입니다: 루키 잭슨 스톰이 그 유명한 라이드닝 맥퀸외 문을 멋지게 쾅 하고 닫아버렸다는군요. 우우… 아마도 제가 직접 맥퀸의 코를 납작하게 했더라도 이보다 더 즐기진 못했을 거예요. 아, 잠깐, 제가 더 즐겼네요!

CHICK HICKS　But ❹................... about me, here to tell you how it happened is professional number cruncher, Miss Natalie Certain!

자 이제 제 얘기는 그만하고, 이곳에 숫자 계산전문가이신 나탈리 서틴 씨를 모셨습니다!

NATALIE CERTAIN　❺................... be here, Chick. And actually, I ❻................... the term, statistical analyst.

이 쇼에 출연하게 돼서 기뻐요, 칙. 아 그리고, 저는 통계 분석 전문가라고 불러 주시면 더 좋을 것 같네요.

CHICK HICKS　Right. So... Who is this mysterious newcomer Jackson Storm, and why is he so ❼...................?

그렇군요. 그래서… 이 불가사의한 신예 잭슨 스톰이라는 자는 누구인가요? 그리고 도대체 그 친구는 왜 이렇게 빠른 건가요?

NATALIE CERTAIN　❽................... if you study the data, Mr. Hicks. Jackson Storm ❾................... the next generation of high-tech racers – unlike the veterans of yesterday- 데이터를 연구해 보면 불가사의할 게 전혀 없답니다, 힉스. 잭슨 스톰은 첨단기술을 갖춘 다음 세대의 일부입니다 – 지난 세대의 베테랑들과는 다르게 말이죠.

B | 다음 빈칸을 채워 문장을 완성해 보세요.

1 당신을 만나게 돼서 반가워요.

.... meet you.

2 여러분들과 함께 일할 수 있게 돼서 기뻐요.

.... with you all.

3 그녀는 다시 돌아와서 기뻐하고 있어요.

.... be back.

4 그가 그렇게 인기가 있는 건 (알고 보면) 이상할 게 하나도 없어.

.... he is so popular.

5 로라가 왜 그렇게 화가 났었는지 알겠다.

.... Laura was so upset.

Goodbye Old Racers!

한물간 레이서들이여 안녕!

불과 얼마 전까지만 해도 모두가 열광하고 환호했던 맥퀸의 친구들이 레이싱계에서 설 자리를 잃고 있어요. 정말 언제 그랬냐는 듯 대중들은 그들에게서 등을 돌리고 turn their back on them 이젠 스폰서들도 빠르게 그들을 차세대 주자들로 대체하고 replace 있네요. 잘 나가던 친구들이 퇴출당하는 be kicked out 것을 목격한 맥퀸은 당황하고, 다른 친구들에게 도대체 이게 어찌 된 일이냐고 하소연하려고 할 때쯤 이미 이 업계엔 그의 동료들이 peers 남아있지를 않네요. 큰 충격을 받게 된 맥퀸은 어떤 결정을 내릴까요?

Warm Up! 오늘 배울 표현   오늘 등장하는 표현들입니다. 어떤 표현이 들어가야 할지 생각해 보세요.

* You _____ this! 이러시면 안 되죠!

* _____. 난 내 마음을 결정했어.

* _____ sport's changing. 이 스포츠 업계 자체가 변하고 있네.

* _____ with Brick? 브릭에게 무슨 일이 있는 건지 알아?

* The name's Danny, _____. 내 이름은 대니라오, 형씨.

31

BRICK YARDLEY
브릭 야들리

You **can't do** this!❶ I've raced for you guys almost ten years!
이러시면 안 되죠! 내가 당신들을 위해서 거의 10년간이나 경주를 해 줬는데.

MCQUEEN
맥퀸

Brick?
브릭?

BRICK'S SPONSOR
브릭의 스폰서

Sorry, Brick. **My mind's made up.**❷ I'm giving your number to someone new.
미안하네, 브릭. 난 내 마음을 결정했어. 다른 새로운 선수에게 자네의 번호를 주기로 말이야.

BRICK YARDLEY
브릭 야들리

Hey! I...I had two wins last year!
이 봐요! 내가 작년에 두 번씩이나 우승했잖아요!

BRICK'S SPONSOR
브릭의 스폰서

The whole sport's changing.❸ I'm just doing what I gotta do...
이 스포츠 업계 자체가 변하고 있네. 난 내가 해야 할 일을 하는 것일 뿐이야.

MCQUEEN
맥퀸

Hey, Bobby? **Do you know what's happening** with Brick...?❹
이봐 바비? 브릭에게 무슨 일이 있는 건지 알아…

MCQUEEN
맥퀸

Oh... Wait, you're not Bobby.
오… 잠깐, 넌 바비가 아니잖아.

DANNY SWERVEZ
대니 스월브즈

The name's Danny, **bro.**❺
내 이름은 대니라오, 형씨.

32

장면 파헤치기 구문 설명과 예문으로 이 장면의 핵심 표현을 완벽히 이해하세요.

❶ **You can't do this!** 이러시면 안 되죠!

can의 부정형으로 can't를 쓸 때 '~을 할 수 없다'라고 능력에 대한 의미로 이해하지만, 위의 대사 문맥에서는 '~해서는 안 된다'라는 의미로 상대방을 나무라거나 질책하는 기능으로 쓰입니다. ★영화 속 패턴 익히기

❷ **My mind's made up.** 난 내 마음을 결정했어.

'내 마음을 결정했다'는 의미로 위에서처럼 My mind is made up. 이라고 할 수도 있고, I've made up my mind. 라고 표현할 수도 있어요. make up one's mind는 '마음을 결정하다'라는 의미로 쓰이는 숙어인데, 어떻게 해야 할지 또는 무엇을 선택해야 할지 고민을 하다가 마침내 마음을 결정하는 경우에 쓰는 표현이랍니다. ★영화 속 패턴 익히기

❸ **The whole sport's changing.** 이 스포츠 업계 자체가 변하고 있네.

특정한 상황의 일부가 아닌 전체에 대해서 강조하며 말할 때나 어떤 분야 전체에 대해서 표현할 때 그 앞에 the whole을 넣습니다.

* **The whole** movie industry is very slow at the moment. 지금은 영화업계 전체가 다 고전하고 있다.
* **The whole** thing really irritates me. 전체적으로 모든 상황이 다 짜증나.

❹ **Do you know what's happening with Brick?** 브릭에게 무슨 일이 있는 건지 알아?

지금 어떤 일이 일어나고 있는지 영문을 몰라 궁금할 때 상대방에게 '지금 무슨 일이 일어나고 있는 건지 알아? / 도대체 무슨 일이야?'라는 뜻으로 물어볼 때 쓰는 패턴이에요.

* **Do you know what's happening** here? 여기 무슨 일이 일어난 건지 아세요?
* **Do you know what's happening** at the library? 도서관에 무슨 일이 생긴 건지 알아요?

❺ **The name's Danny, bro.** 내 이름은 대니라오, 형씨.

brother을 줄여서 bro라고 하는데, 이 표현은 주로 비격식적으로 남자들끼리 서로를 친근하게 부를 때 사용하지만 때로는 우리말 '인마' '자식아'와 같이 조금 기분 나쁜 호칭으로 사용되기도 합니다. 참고로 sister를 sis라고 하는 경우 역시 이와 비슷한 쓰임새라고 볼 수 있어요.

* What's up, **bro**? 별일 없지, 형씨?
* Don't give me that attitude, **bro**! 그런 태도는 별로야, 인마!

영화 속 패턴 익히기 오늘 배운 장면에서 뽑은 핵심 패턴으로 다양한 표현을 만들어 보세요.

🎧 05-2.mp3

주어 + can't do + 목적어   ~가 ~해서는 안 된다.

Step 1 기본 패턴 연습하기

1 He **can't do** these things! 그가 이러한 짓들을 하면 안 되지!

2 They **can't do** this to me! 그들이 나에게 이래서는 안 되는 거야!

3 Hanna yelled at me. She **can't do** that! 한나가 나에게 소리를 질렀어. 그녀가 그러면 안 되지!

4 You are firing me? _____ that! 나를 해고하신다고요? 이러시면 안 되죠!

5 Somebody please stop her! _____ this! 제발 누군가가 그녀를 막아줘! 그녀가 이래서는 안 돼!

Step 2 패턴 응용하기   주어 + can't + 동사 + 목적어

1 You **can't tell** me what to do! 네가 나에게 이래라저래라 하면 안 되지!

2 She **can't ask** me things like that. 그녀가 나에게 그런 걸 물어보면 안 되지!

3 Kevin **can't talk** to me like that! 케빈이 나에게 그런 식으로 말하면 안 되지!

4 They _____ this way! 그들이 나를 이런 식으로 대하면 안 되지!

5 He _____ to leave Elena! 그가 나에게 엘레나와 헤어지라고 하면 안 되지!

Step 3 실생활에 적용하기

A I don't think we can be together anymore.

B What? 네가 나한테 이러면 안 되지!

A Yes, I can.

A 아무래도 더 이상 우린 함께 할 수 없을 것 같아.

B 뭐라고? You can't do this to me!

A 이래도 돼.

정답   Step 1 4 You can't do 5 She can't do   Step 2 4 can't treat me 5 can't ask me

Someone's mind is made up

~의 마음은 결정이 됐다.

Step 1 기본 패턴 연습하기

1 **My mind is made up** about it. 그것에 대한 내 마음은 결정됐어.

2 **Her mind is made up.** So, don't call her anymore. 그녀는 마음을 결정했으니, 더 이상 전화하지 마.

3 **Tina's mind is made up** about her job. 티나는 그녀의 직장에 대해서 마음의 결정을 했다.

4 Greg's _____ and he's not going to change it.
그렉은 마음의 결정을 했어. 그리고 그 마음은 변하지 않을 것이야.

5 I hope _____.
네가 마음의 결정을 했기를 바라.

Step 2 패턴 응용하기   make up one's mind

1 I've already **made up my mind**. 난 이미 마음의 결정을 했다.

2 **Make up your mind!** 마음의 결정을 해!

3 She can't **make up her mind** about what to order. 그녀는 뭘 주문해야 할지 결정을 못 하는구나.

4 You need to _____.
네 마음의 결정을 해야만 해.

5 It's time _____.
이제 마음의 결정을 해야 할 때가 된 것 같아.

Step 3 실생활에 적용하기

A I don't know if I should go out with you or not.

B 왜 이래, 어서 결정하란 말이야!

A Okay, I'm not going out with you.

A 너와 데이트를 해야 할지 말아야 할지 모르겠어.

B Come on, make up your mind!

A 그래, 안 하기로 했어.

정답   Step 1 4 mind is made up 5 your mind is made up   Step 2 4 make up your mind 5 I made up my mind

A | 영화 속 대화를 완성해 보세요.

BRICK YARDLEY   You ❶ .... this! I've raced for you guys
❷ .... !
이러시면 안 되죠! 내가 당신들을 위해서 거의 10년간이나 경주를 해 줬는데.

MCQUEEN   Brick? 브릭?

BRICK'S SPONSOR   Sorry, Brick. ❸ .... I'm giving
your number to ❹ .... 미안하네, 브릭. 난 내
마음을 결정했어. 다른 새로운 선수에게 자네의 번호를 주기로 말이야.

BRICK YARDLEY   Hey! I...I ❺ .... last year!
이 봐요! 내가 작년에 두 번씩이나 우승했잖아요!

BRICK'S SPONSOR   ❻ .... sport's changing. I'm
❼ .... I gotta do...
이 스포츠 업계 자체가 변하고 있네. 난 내가 해야 할 일을 하는 것일 뿐이야.

MCQUEEN   Hey, Bobby? ❽ ....
with Brick... 이봐 바비? 브릭에게 무슨 일이 있는 건지 알아…

MCQUEEN   Oh... Wait, ❾ .... Bobby.
오… 잠깐, 넌 바비가 아니잖아.

DANNY SWERVEZ   The name's Danny, ❿ ....
내 이름은 대니라오, 형씨.

B | 다음 빈칸을 채워 문장을 완성해 보세요.

1   그들이 나에게 이래서는 안 되는 거야!
They .... to me!

2   네가 나에게 이래라저래라 하면 안 되지!
You .... what to do!

3   그들이 나를 이런 식으로 대하면 안 되지!
They .... this way!

4   네가 마음의 결정을 했기를 바라.
I hope ....

5   마음의 결정을 해야만 해.
You need to ....

Reminiscing about Doc

닥 아저씨를 회상하며

자신의 설 자리를 잃고^{lose one's place} 자신감마저 잃어버린 맥퀸은 실의에 빠져^{dejected} 멍하니 세월을 보내고 있네요. 그가 옛 시절을 회상하며^{reminiscing} 그의 멘토 닥 아저씨와의 추억을 떠올리고 있는데 그의 여자친구 샐리가 응원을 하러 왔어요. 멍하니^{absent-mindedly} 세월만 탓하며 의기소침해 있는 맥퀸에게 샐리가 그를 자극합니다^{stir up}. 이렇게 가만히 있다고 해결되는 것은 아무것도 없다고 아직도 넌 챔피언이라고 다시 한번 멋지게 도전하라고 말이에요. 과연 맥퀸은 다시 한번 멋지게 재도약할 수 있을까요?

Warm Up! 오늘 배울 표현   오늘 등장하는 표현들입니다. 어떤 표현이 들어가야 할지 생각해 보세요.

* **I can't go out on the track and do   .**
  난 트랙에 나가서 예전에 하던 대로 그대로 할 수는 없어.

* **It   .** 그걸로는 이제 먹히지 않는다고.

*   . 새로운 시도를 해 보라고.

*   **not having the chance.** 기회가 없어지는 것을 두려워해.

*   **take it,   do what ya been doing.**
  넌 그 기회를 잡을 수도 있고 아니면 그냥 네가 그동안 하던 대로 하면서 살 수도 있어.

바로 이 장면!   오디오 파일을 듣고 3번 따라 말해보세요.   🎧 06-1.mp3

SALLY
샐리

Thinking about Doc again?
또 닥 생각하고 있니?

MCQUEEN
맥퀸

Yeah. You know they told him when he was done. He didn't decide. I don't want what happened to Doc to happen to me.
응. 그의 커리어가 끝났을 때 그들이 그에게 말해줬거든. 그런데 그가 결정을 못 한 거야. 난 닥에게 일어났던 일이 내게도 일어나는 걸 원하지 않아.

SALLY
샐리

But that hasn't happened.
하지만 그런 일은 일어나지 않았어.

MCQUEEN
맥퀸

No. But I can't go out on the track and do **the same old thing**❶ – it **won't work**.❷
아니. 난 트랙에 나가서 예전에 하던 대로 그대로 할 수는 없어 – 그걸로는 이제 먹히지 않는다고.

SALLY
샐리

Then change it up. **Try something new.**❸
그럼 바꾸면 되잖아. 새로운 시도를 해 보라고.

MCQUEEN
맥퀸

I don't know, Sally, I–
글쎄, 샐리. 난…

SALLY
샐리

Don't fear failure. **Be afraid of** not having the chance.❹ You have the chance! Doc didn't. And **you can either** take it, or you can do what ya been doing❺ – sittin' here for months...
실패를 두려워하지 마. 기회가 없어지는 것을 두려워해. 너에겐 기회가 있잖아! 닥에겐 기회가 없었다고. 넌 그 기회를 잡을 수도 있고 아니면 그냥 네가 그동안 하던 대로 하면서 살 수도 있어 – 몇 달 동안 여기에서 아무것도 안 하고 그냥 넋 놓고 앉아서…

38

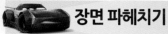

장면 파헤치기 구문 설명과 예문으로 이 장면의 핵심 표현을 완벽히 이해하세요.

❶ I can't go out on the track and do the same old thing. 난 트랙에 나가서 예전에 하던 대로 그대로 할 수는 없어.

상대방이 안부를 물을 때 관용 표현으로 same old, same old하면 '맨날 똑같이지 뭐' '늘 거기서 거기지 뭐'라는 표현을 자주 쓰는데, 그것과 같은 맥락으로 예전부터 늘 하던 것 혹은 흔하디 흔한 것을 말할 때 the same old라는 표현을 써요. 단, 이 경우에는 앞에 관사 the가 붙습니다.

* Don't give me **the same old** excuses again! 맨날 똑같은 핑계 좀 대지 마라!
* I'm bored by **the same old** practice routine. 맨날 똑같은 연습방식에 신물이 날 지경이에요.

❷ It won't work. 그걸로는 이제 먹히지 않는다고.

어떤 약이나 방법이 효과가 있을 때 동사 work를 씁니다. 구어체로 해석하면 '(어떤 방법이) 잘 먹힌다'라고 할 수도 있고요. 그런데, 위의 문장에서와 같이 work 앞에 won't를 넣어주면 '잘 안 먹힐 거다/효과가 없을 것이다'라는 의미가 됩니다.

★영화 속 패턴 익히기

❸ Try something new. 새로운 시도를 해 보라고.

무엇을 시도하라고 할 때는 try 뒤에 단순히 목적어를 넣어서 쓰죠? 예를 들어, Try it! 하면 '이걸 시도해 봐!'와 같이 말이죠. 그런데, '뭔가 (새로운 것, 다른 것, 화려한 것 등등과 같은) ~한 것을 시도해 봐'라고 할 때는 〈Try something + 형용사〉 패턴을 쓸 수 있답니다.

* I want to **try something** different. 좀 다른 것을 시도해 보고 싶어.
* How about **trying something** a little more challenging? 조금 더 도전될만한 것을 시도해 보는 것은 어떨까?

❹ Be afraid of not having the chance. 기회가 없어지는 것을 두려워해.

형용사 afraid '두려워/무서워하는, 겁내는'을 문장 안에서 쓸 때, 특히 목적어를 넣어 '~을 두려워하다'라고 말하고 싶을 때 〈be afraid of + (동)명사〉의 패턴을 기억하세요.

* I'm not **afraid of** trying something new. 난 새로운 시도를 하는 것이 두렵지 않아.
* Don't **be afraid of** him. He's a nice guy. 그를 두려워하지 마. 그는 착한 사람이야.

❺ You can either take it, or you can do what ya been doing.
넌 그 기회를 잡을 수도 있고 아니면 그냥 네가 그동안 하던 대로 하면서 살 수도 있어.

〈You can either + 동사, or you can + 동사〉 '넌 ~을 할 수도 있고 아니면 ~을 할 수도 있어'라는 의미의 패턴입니다. 상대방에게 조언(제안)하면서 선택은 상대방의 몫이라는 것을 알려주는 표현이에요. or 뒤에 나오는 you can은 생략할 수도 있습니다.

★영화 속 패턴 익히기

39

🎧 06-2.mp3

주어 + won't work
~는 먹히지 (통하지) 않을 것이다.

Step 1 기본 패턴 연습하기

1 That strategy **won't work**. 그 작전은 먹히지 않을 거야.

2 The medicine **won't work** if you take it once in a while. 가끔 한 번씩 먹으면 그 약은 효험이 없을 거야.

3 It **won't work** unless you do it properly. 제대로 하지 않으면 효과가 없을 거야.

4 Threats .... on him. 그에게 협박은 통하지 않을 것이야.

5 Violence or even bribery .... 폭력도 심지어는 뇌물도 안 먹힐 거야.

Step 2 패턴 응용하기 | 주어 + didn't work

1 Giving him more time **didn't work**. 그에게 시간을 더 줘 봤지만 별 효과가 없었어.

2 I tried but it **didn't work**. 노력은 했지만, 효과가 없었어.

3 My apology **didn't work**. 사과해도 안 통하더라고.

4 No matter what I did, it .... 뭘 해도 안 먹히더라고.

5 All those Vitamins .... 비타민을 그렇게 먹었는데도 효험이 없었어.

Step 3 실생활에 적용하기

A How about sending her a letter with a poem in it?	A 그녀에게 시를 써서 편지를 보내면 어떨까?
B 그런 걸로는 안 먹힐 거야.	B It won't work.
A I'm doing it anyway.	A 그래도 할 거야.

정답 Step 1 4 won't work 5 won't work Step 2 4 didn't work 5 didn't work

You can either + 동사, or you can + 동사

넌 ~을 할 수도 있고 (아니면) ~을 할 수도 있어.

Step 1 기본 패턴 연습하기

1 **You can either** run from it **or you can** learn from it.
   넌 도망을 갈 수도 있고 그 경험을 통해 교훈을 얻을 수도 있어.

2 **You can either** eat **or you can** talk, but you can't do both at the same time.
   넌 먹을 수도 있고 말할 수도 있지만, 그 두 가지를 한꺼번에 다 해서는 안 돼.

3 **You can either** be right **or you can** be wrong. 맞을 수도 있고 틀릴 수도 있어.

4 _____ go somewhere else. 넌 머물 수도 있고 다른 곳으로 갈 수도 있어.

5 _____ borrow it. 이걸 살 수도 있고 빌릴 수도 있어.

Step 2 패턴 응용하기 | He/She can either + 동사, or he/she can + 동사

1 **He can either** chew it **or he can** swallow it. 그는 이걸 씹어 먹을 수도 있고 삼켜 먹을 수도 있어.

2 **She can either** drink it now **or she can** drink it later.
   그녀는 이것을 지금 마실 수도 있고 나중에 마실 수도 있어.

3 He can **either** read the book **or he can** use it as a pillow. 그는 이 책을 읽을 수도 있고 베개로 쓸 수도 있어.

4 _____ go outside to play.
   그녀는 낮잠을 잘 수도 있고 나가서 놀 수도 있어.

5 _____ keep it _____ it. 그는 이것을 간직할 수도 있고 팔 수도 있어.

Step 3 실생활에 적용하기

A 그 돈으로 뭐 할 거니?

B I don't know. What should I do?

A 저금을 할 수도 있고 써버릴 수도 있겠지.

A What are you going to do with the money?

B 글쎄. 뭘 해야 할까?

A You can either save it or you can spend it.

정답 Step 1 4 You can either stay or you can 5 You can either buy it or you can Step 2 4 She can either take a nap or she can 5 He can either / or he can sell

A | 영화 속 대화를 완성해 보세요.

SALLY   ❶_____ Doc again? 또 닥 생각하고 있니?

MCQUEEN Yeah. You know they told him ❷_____. He didn't decide. I don't want ❸_____ Doc to happen to me. 응. 그의 커리어가 끝났을 때 그들이 그에게 말해줬거든. 그런데 그가 결정을 못 한 거야. 난 닥에게 일어났던 일이 내게도 일어나는 걸 원하지 않아.

SALLY But that hasn't happened.
하지만 그런 일은 일어나지 않았어.

MCQUEEN No. But I can't go out on the track and do ❹_____ – it ❺_____.
아니, 난 트랙에 나가서 예전에 하던 대로 그대로 할 수는 없어 – 그걸로는 이제 먹히지 않는다고.

SALLY Then ❻_____ up. ❼_____.
그럼 바꾸면 되잖아. 새로운 시도를 해 보라고.

MCQUEEN I don't know, Sally, I–
글쎄, 샐리. 난…

SALLY Don't fear failure. ❽_____ not having the chance. You ❾_____! Doc didn't. And ❿_____ do what ya been doing – sittin' here for months... 실패를 두려워하지 마. 기회가 없어지는 것을 두려워해. 너에겐 기회가 있잖아! 닥에겐 기회가 없었다고. 넌 그 기회를 잡을 수도 있고 아니면 그냥 네가 그동안 하던 대로 하면서 살 수도 있어 – 몇 달 동안 여기에서 아무것도 안 하고 그냥 넋 놓고 앉아서…

B | 다음 빈칸을 채워 문장을 완성해 보세요.

1 제대로 하지 않으면 효과가 없을 거야.
_____ unless you do it properly.

2 노력은 했지만, 효과가 없었어.
I tried but _____.

3 넌 도망을 갈 수도 있고 그 경험을 통해 교훈을 얻을 수도 있어.
_____ learn from it.

4 이걸 살 수도 있고 빌릴 수도 있어.
_____ borrow it.

5 그는 이것을 간직할 수도 있고 팔 수도 있어.
_____ sell it.

Rusteeze Racing Center!
러스티즈 레이싱 센터!

맥퀸의 재도약을 도우려고 하는 친구들의 응원에 힘입어 맥퀸은 다시 한번 도전을 하기로 굳게^{firmly} 마음을 먹습니다. 잭슨 스톰을 이기기 위해서는 그와 같은 방식으로 훈련하는 방법밖에는 없다고 생각한 맥퀸이 이제 구체적인^{concrete} 훈련방법을 모색하고 있네요. 바로 이때, 그에게 구원의 손길을 뻗는^{extend a helping hand} 이들이 있었으니 다름 아닌 그의 스폰서 러스티와 더스티 형제로군요. 러스티와 더스티는 온갖 화려하고 값비싼 최첨단^{cutting edge} 장비를^{equipment} 모두 갖춘 훈련장 '러스티즈 레이싱 센터'를 그에게 선사합니다. 이제 맥퀸이 잭슨 스톰을 이기는 것은 시간 문제일 뿐이라고요.

Warm Up! 오늘 배울 표현   오늘 등장하는 표현들입니다. 어떤 표현이 들어가야 할지 생각해 보세요.

* I'm talking about   ! 난 이번 시즌을 나의 최고의 시즌으로 만들 거라고!

* We were hoping   ! 네가 그렇게 말해 주기를 바라고 있었어!

*   , if I'm gonna be faster than Storm, I need to train like him.
  근데 중요한 건, 내가 스톰 보다 더 빨리 달리려면 그와 같은 방식으로 훈련해야 한다는 거야.

* Lightning, we want you on the road   .
  라이트닝, 내일 아침에 일어나자마자 주행도로로 나와.

* It's   ! 완전 멋져서 까무러칠 지경이야!

MCQUEEN
맥퀸

Guys! I'm talking about **making this my best season yet!**❶
얘들아! 난 이번 시즌을 나의 최고의 시즌으로 만들 거라고!

DUSTY
더스티

We were hoping **you'd say that!**❷
네가 그렇게 말해 주기를 바라고 있었어!

MCQUEEN
맥퀸

The thing is, if I'm gonna be faster than Storm, I need to train like him.❸
근데 중요한 건, 내가 스톰 보다 더 빨리 달리려면 그와 같은 방식으로 훈련해야 한다는 거야.

RUSTY & DUSTY
러스티와 더스티

We're way ahead of you, buddy!
그 문제라면 우리도 이미 다 알고 있지, 친구!

DUSTY
더스티

Lightning, we want you on the road **first thing in the morning...**❹
라이트닝, 내일 아침에 일어나자마자 주행도로로 나와…

DUSTY
더스티

...so you can come out and see the BRAND NEW...
…그래서 네가 나와서 볼 수 있도록 말이지, 우리가 준비한 최신…

RUSTY & DUSTY
러스티와 더스티

RUSTEEEZE RACING CENTER!
러스티~~즈 레이싱 센터!

DUSTY
더스티

It's **wicked awesome!**❺
완전 멋져서 까무러칠 지경이야!

MCQUEEN
맥퀸

What?! Rust-eze Racing Center?
뭐야?! 러스티-즈 레이싱 센터라고?

RUSTY
러스티

Ya.
그래.

44

장면 파헤치기 구문 설명과 예문으로 이 장면의 핵심 표현을 완벽히 이해하세요.

❶ I'm talking about making this my best season yet! 난 이번 시즌을 나의 최고의 시즌으로 만들 거라고!

우리가 흔히 '아직'이라는 의미로 알고 있는 yet은 위의 문장에서처럼 '지금/그때까지 있는 것 중 가장 좋은, 긴' 등의 의미로도 쓰입니다. The best, longest 등과 같이 최상급의 형용사 뒤에 명사가 따라오고 그 뒤에 yet이 붙지요.

★ 영화속 패턴 익히기

❷ We were hoping you'd say that! 네가 그렇게 말해 주기를 바라고 있었어!

문장의 뒷부분에 that절로 〈주어 + would + say that〉이라고 하면 '~라고 말할 것이라고/말할 줄/말하기를'이라는 의미예요. that은 생략될 수 있고, would는 축약형으로 주어 뒤에 'd 형태로 붙는 것이 일반적이지요.

* I knew **you'd say that**. 네가 그렇게 말할 줄 알았어.
* We never thought **he'd say that**. 그가 그런 말을 할 것이라고는 우린 전혀 생각 못 했어.

❸ The thing is, if I'm gonna be faster than Storm, I need to train like him.
근데 중요한 건, 내가 스톰 보다 더 빨리 달리려면 그와 같은 방식으로 훈련해야 한다는 거야.

할 말을 바로 안 하고 뜸 들일 때 구어체에서 많이 쓰이는 표현으로 '실은, 문제는, 근데 중요한 건'이라는 의미입니다. 너무 자주 쓰면 듣기 거북할 수도 있으니 적당히 사용하세요.

* I want to stay. But **the thing is**, I have a lot of work to do.
  나도 더 있고 싶어. 근데 문제는, 내가 할 일이 좀 많아서 말이야.
* **The thing is**, I don't have a cell phone. 실은 내가 휴대폰이 없어.

❹ Lightning, we want you on the road first thing in the morning.
라이트닝, 내일 아침에 일어나자마자 주행도로로 나와.

상대방에게 급히 무엇을 전달해야 하거나 기다리는 것이 있을 때 아침에 일어나자마자 바로 하겠다고 약속하면서 쓰는 표현이에요. 〈first thing when 주어 + 동사〉 '~하게 되면 바로 ~ 할게' 패턴으로도 활용할 수 있습니다.

★ 영화속 패턴 익히기

❺ It's wicked awesome! 완전 멋져서 까무러칠 지경이야!

구어체로 아주 좋거나 멋진 것을 표현할 때 쓰는 단어가 awesome입니다. awesome 앞에 wicked를 넣으면 그 의미가 강조되지요. 원래 wicked의 뜻은 '못된, 사악한'인데 비격식적으로 뭔가 대단히 좋은 것을 묘사할 때 '죽여주는, 엄청 좋은'이라는 의미로도 쓰인답니다.

* This game is **wicked**. 이 게임 너무 재미있네.
* This party is **wicked awesome**! 이 파티 정말 굉장한데!

🎧 07-2.mp3

Best + 형용사 yet

지금까지 있는 것 중 최고인

Step 1 기본 패턴 연습하기

1 Save $50 with our **best offer yet**! 역대 최고 할인으로 50$를 아끼세요!

2 'Cars 3' is by far the **best movie yet**. 카3는 단연코 역대 최고의 영화야.

3 'Baby one more time' is Brittany's **best album yet**. '베이비 원 모어 타임'은 브리트니의 역대 최고 앨범이야.

4 This is _____. 이 드라마가 지금까지 있었던 드라마 중의 최고다.

5 I think 'The Old Man and the Sea' is _____ written by an American. 내 생각엔 '노인과 바다'가 미국인이 쓴 소설 중에는 역대 최고작인 것 같아.

Step 2 패턴 응용하기   최상급 + 형용사 + yet

1 The computer is **the greatest invention yet**. 컴퓨터는 역사상 가장 위대한 발명품이야.

2 This may be **the most important discovery yet**. 아마도 이것이 역대 최고의 발견일 거야.

3 What is **the most expensive car yet** in the world?
전 세계에서 지금까지 있었던 차 중에서 가장 비싼 차는 뭐지?

4 Burj Khalifa in Dubai is _____ constructed.
두바이에 있는 부르즈 할리파는 지금까지 건축된 건물 중 가장 높은 것이다.

5 People say that I'm _____. 사람들이 나보고 역대 가장 이상한 놈이래.

Step 3 실생활에 적용하기

A I love this sitcom!

B So do I! 내 생각엔 지금까지 나온 시트콤 중의 최고인 것 같아.

A You can say that again!

A 이 시트콤 너무 좋아!

B 나도! I think this is the best sitcom yet.

A 동감이야!

정답   Step 1 4 the best drama yet 5 the best novel yet   Step 2 4 the highest building yet 5 the weirdest guy yet

first thing in the morning   아침에 일어나자마자

Step 1 기본 패턴 연습하기

1 Call me **first thing in the morning**. 내일 아침에 일어나자마자 전화해.

2 I'll send it to you **first thing in the morning**. 내일 아침에 일어나면 바로 보낼게.

3 I must do that **first thing in the morning**. 난 아침에 일어나자마자 그걸 해야만 해.

4 Drinking coffee ＿＿＿＿＿＿＿＿＿＿＿ is not such a good idea.
   아침에 일어나자마자 커피를 마시는 건 별로 그리 좋은 생각이 아니야.

5 I always turn on the radio ＿＿＿＿＿＿＿＿＿＿＿. 난 항상 아침에 일어나면 바로 라디오를 켠다.

Step 2 패턴 응용하기 | first thing when + 주어 + 동사

1 I'll call you **first thing when** I get there. 도착하면 바로 전화할게.

2 Say "I'm happy" **first thing when** you wake up every morning.
   매일 아침 눈을 뜨면 바로 '난 행복해'라고 말하세요.

3 I always clean my room **first thing when** I get home. 난 항상 집에 도착하면 바로 내 방 청소를 해.

4 I ran to the bathroom ＿＿＿＿＿＿＿＿＿ he came in. 그가 들어오자마자 나는 화장실로 뛰어갔다.

5 Go for a jog ＿＿＿＿＿＿＿＿＿. 아침에 눈을 뜨자마자 조깅하러 가세요.

Step 3 실생활에 적용하기

A 나한테 그 이메일 보냈니?

B Oh my God. I totally forgot about it.

A 내일 아침에 일어나자마자 보내라.

A Have you sent me the email yet?

B 맙소사. 완전 잊어버리고 있었네.

A Send it to me first thing in the morning.

정답 Step 1 4 first thing in the morning 5 first thing in the morning   Step 2 4 first thing when 5 first thing when you wake up

A | 영화 속 대화를 완성해 보세요.

MCQUEEN　Guys! I'm talking about ❶_____!
애들아! 난 이번 시즌을 나의 최고의 시즌으로 만들 거라고!

DUSTY　❷_____ hoping ❸_____!
네가 그렇게 말해 주기를 바라고 있었어!

MCQUEEN　❹_____, if I'm gonna ❺_____ Storm, I need to ❻_____. 근데 중요한 건, 내가 스톰보다 더 빨리 달리려면 그와 같은 방식으로 훈련해야 한다는 거야.

RUSTY & DUSTY　We're way ❼_____, buddy!
그 문제라면 우리도 이미 다 알고 있지, 친구!

DUSTY　Lightning, we want you on the road ❽_____...
라이트닝. 내일 아침에 일어나자마자 주행도로로 나와…

DUSTY　so you can ❾_____ the BRAND NEW... 그래서 네가 나와서 볼 수 있도록 말이지. 우리가 준비한 최신…

RUSTY & DUSTY　RUSTEEEZE RACING CENTER! 러스티~~즈 레이싱 센터!

DUSTY　It's ❿_____! 완전 멋져서 까무러칠 지경이야!

MCQUEEN　What?! Rust-eze Racing Center?
뭐야?! 러스티-즈 레이싱 센터라고?

RUSTY　Ya. 그래.

B | 다음 빈칸을 채워 문장을 완성해 보세요.

1　이 드라마가 지금까지 있었던 드라마 중의 최고다.
This is _____.

2　컴퓨터는 역사상 가장 위대한 발명품이야.
The computer is _____.

3　내일 아침에 일어나면 바로 보낼게.
I'll send it to you _____.

4　난 아침에 일어나자마자 그걸 해야만 해.
I must do that _____.

5　도착하면 바로 전화할게.
I'll call you _____ get there.

The New Lightening McQueen

새롭게 태어난 라이트닝 맥퀸

새롭게 마음을 먹고 열심히 훈련하기로 한 맥퀸이 친구들의 도움으로 번쩍번쩍하는^{dazzling} 페인트로 멋지게 도색을 하고 광을 내^{polished} 다시 예전의 핸섬한 모습으로 돌아왔네요. 여자 친구 샐리도 그의 모습을 보고 감동하며 그의 새로운 시작을 진심으로^{sincerely} 축하해 주고 있어요. 자신감이 하늘마저 뚫을 기세로 충천하여 기세등등해진 맥퀸은 이제 최첨단 훈련장 러스티즈 센터로 향합니다. 친구들이 모두 그의 성공을 간절히 기원하며^{pray} 그를 배웅해 주네요^{see him off}.

Warm Up! 오늘 배울 표현   오늘 등장하는 표현들입니다. 어떤 표현이 들어가야 할지 생각해 보세요.

* You ▨▨▨▨▨▨. 네 모습이 달라 보여.

* Tires ▨▨▨▨▨. 타이어들이 지나갑니다.

* Go ▨▨▨ those rookies ▨▨▨▨! 가서 그 풋내기들의 코를 납작하게 해 주라고!

* ▨▨▨▨▨! 본때를 보여 주라고!

* ▨▨▨▨▨! 잘 가라!

SALLY
샐리

Welcome back. You **look... different**.❶
다시 돌아온 걸 환영해. 네 모습이… 달라 보여.

MCQUEEN
맥퀸

(re: new paint job) Obviously.
(회신: 새롭게 칠한 페인트) 당연하지.

SALLY
샐리

You look ready.
이제 네가 준비된 것 같아.

LUIGI
루이지

Guido, come! Scusi, scusi. Tires **coming through**.❷
귀도, 이리와! 실례, 실례. 타이어들이 지나갑니다.

LIZZIE
리지

Go **kick** those rookies **in the trunk**!❸
가서 그 풋내기들의 코를 납작하게 해 주라고!

SALLY
샐리

(laugh)
(웃는다)

MCQUEEN
맥퀸

Alright, bye!
자, 이제 안녕!

FLO
플로

Go get 'em, tiger!❹
본때를 보여 주라고!!

MATER
메이터

Catch you on the flip side!❺
잘 가라!

MCQUEEN
맥퀸

I'll see you guys in Florida!
모두들 플로리다에서 보자고!

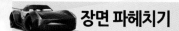 **장면 파헤치기** 구문 설명과 예문으로 이 장면의 핵심 표현을 완벽히 이해하세요.

❶ You look different. 네 모습이 달라 보여.

Look은 '보다'라는 뜻이지만 그 뒤에 형용사를 넣어서 〈look + 형용사〉의 형식으로 쓰면 '~해 보이다'라는 뜻이 됩니다. 그 형용사가 different일 경우에는 '달라 보이다'라는 뜻으로 쓰이지요.　　★영화 속 패턴 익히기

❷ Tires coming through. 타이어들이 지나갑니다.

길을 지나가면서 앞에 있는 사람들에게 길을 터달라고 할 때 Coming through! '지나갑니다/비켜주세요'라고 말합니다. pass through와 비슷한 표현이죠. 문장 앞에 단어를 붙여서 무엇이 지나가는지를 알려주기도 합니다.　　★영화 속 패턴 익히기

❸ Go kick those rookies in the trunk! 가서 그 풋내기들의 코를 납작하게 해 주라고!

여기에서 나오는 kick in the trunk는 자동차를 인간에게 빗대어 쓴 표현이에요. 원래는 kick in (the seat of) the pants나 kick someone in the butt라는 표현은 자주 쓰죠. 이 두 표현 모두 '(앞으로 잘하라고) 혼내주다. 거세게 노골적으로 비난/자극하다'라는 의미예요.

* These kids need a **kick in the butt** to get this done right.
  이 아이들이 이걸 제대로 해내려면 좀 혼을 내줘야 할 필요가 있어.
* In a way, this turned out to be a **kick in the pants**. 어찌 보면 이게 더 잘하라고 하는 자극이 된 것 같아.

❹ Go get 'em, tiger! 본때를 보여 주라고!

우리는 힘내라는 응원 구호로 주로 '파이팅!'을 외치는데 이것이 콩글리시라는 건 모두 아시죠? '파이팅' 대신 원어민들이 주로 쓰는 표현이 바로 Go get 'em, tiger! 예요. 직역하면 '호랑이처럼 용맹하게 그들을 잡으라/ 덮치라'라는 뜻으로 '열심히 해라, 잘해라, 본때를 보여줘라'는 의미랍니다.

* **Go get 'em tiger!** Show them how it's done! 본때를 보여줘. 어떻게 하는지 제대로 보여 주라고!
* **Go get 'em tiger!** I know you can do it! 가서 잘해라! 난 네가 잘할 수 있다는 걸 알아!

❺ Catch you on the flip side! 잘 가라! / 또 보자고!

헤어질 때 하는 흔한 인사말로 goodbye 혹은 see you later이 있는데요. Catch you later! 라는 표현도 익혀 볼게요. 이 문장을 Catch you on the flip side! 라고 하는데, 직역하면 '뒤집힌/반대쪽에서 보자'라는 뜻이 됩니다.

* A: **Catch you on the flip side!** 다음에 보자고!
  B: See you later! 그래 나중에 봐!

오늘 배운 장면에서 뽑은 핵심 패턴으로 다양한 표현을 만들어 보세요.

🎧 08-2.mp3

주어 + look different
~가 달라 보인다.

Step 1 기본 패턴 연습하기

1 Jamie **looks different** today. 제이미가 오늘은 달라 보여.

2 Have you lost weight? You **look different**. 너 살 빠졌니? 달라 보이네.

3 Do I **look different**? 나 달라 보이니?

4 .... from before. 걔 예전하고 달라 보여.

5 .... from the picture. 그녀는 사진하고 달라 보인다.

Step 2 패턴 응용하기 | 주어 + look + 형용사

1 Matthew **looks smart**. 매튜는 똑똑해 보여.

2 That **looks awesome**. 그거 멋져 보여.

3 You **look sad**. Is anything wrong? 슬퍼 보이는구나. 안 좋은 일이니?

4 Debby .... She needs to get some sleep. 데비가 피곤해 보여. 그녀가 좀 자야 할 것 같네.

5 You .... Why don't you put your jacket on? 너 추워 보여. 재킷이라도 입지 그러니?

Step 3 실생활에 적용하기

A 너 오늘 달라 보인다.

B Is that a compliment?

A 맞아 칭찬이야. 좋게 달라 보인다는 거야.

A You look different today.

B 그거 칭찬이니?

A Yes it is. You look different in a good way.

정답 Step 1 4 He looks different 5 She looks different Step 2 4 looks tired 5 look cold

Coming through! 지나갑니다.

Step 1 기본 패턴 연습하기

1 **Coming through**! 지나갑니다!

2 **Coming through**! Please, make way! 지나갑니다. 좀 비켜주세요!

3 **Coming through**, please! I've got to get off. 지나갑니다! 제가 내려야 해서요.

4 Excuse me! _____! 실례합니다! 지나갑니다!

5 _____! Get out of my way! 지나가요! 저리 비켜요!

Step 2 패턴 응용하기 | 명사 + coming through!

1 Ambulance **coming through**! 앰뷸런스가 지나갑니다!

2 Beauty queen **coming through**! 미인대회 1등이 지나갑니다!

3 Prince **coming through**! 왕자님이 지나갑니다!

4 The _____! 대통령이 지나갑니다!

5 Dump _____! 덤프트럭이 지나갑니다!

Step 3 실생활에 적용하기

A 지나가요! 저리 비켜요!

B I don't think so!

A 오 이런. 막혀버렸네.

A Coming through! Get out of my way!

B 그렇게는 안 되지.

A Oh my God. I'm stuck.

정답 Step 1 4 Coming through 5 Coming through Step 2 4 President coming through 5 truck coming through

 **확인학습** 문제를 풀며 오늘 배운 표현을 완벽히 내 것으로 만드세요.

A | 영화 속 대화를 완성해 보세요.

SALLY ❶_____. You ❷_____.
다시 돌아온 걸 환영해. 네 모습이 달라 보여.

MCQUEEN (re: new paint job) ❸_____.
(회신: 새롭게 칠한 페인트) 당연하지.

SALLY You ❹_____.
이제 네가 준비된 것 같아.

LUIGI Guido, ❺_____! Scusi, scusi. Tires ❻_____.
귀도, 이리와! 실례, 실례. 타이어들이 지나갑니다.

LIZZIE Go ❼_____!
가서 그 풋내기들의 코를 납작하게 해 주라고!

SALLY (laugh) (웃는다)

MCQUEEN Alright, bye!
자, 이제 안녕!

FLO ❽_____!
본때를 보여 주라고!!

MATER ❾_____!
잘 가라!

MCQUEEN I'll ❿_____ Florida!
모두들 플로리다에서 보자고!

정답 A

❶ Welcome back
❷ look different
❸ Obviously
❹ look ready
❺ come
❻ coming through
❼ kick those rookies in the trunk
❽ Go get 'em, tiger
❾ Catch you on the flip side
❿ see you guys in

B | 다음 빈칸을 채워 문장을 완성해 보세요.

1 너 살 빠졌니? 달라 보이네.
  Have you lost weight? You _____.

2 그거 멋져 보여.
  That _____.

3 너 추워 보여. 재킷이라도 입지 그러니?
  You _____. Why don't you put your jacket on?

4 지나가요. 저리 비켜요!
  _____! Get out of my way!

5 대통령이 지나갑니다!
  The _____!

정답 B

1 look different
2 looks awesome
3 look cold
4 Coming through
5 President coming through

54

Sterling, the New Sponsor of McQueen

맥퀸의 새로운 스폰서, 스털링

러스티와 더스티 형제가 제공해 준^{provided} '러스티즈 레이싱 센터'로 온 맥퀸은 새로운 사실을 알게 됩니다. 알고 보니^{it turns out} 그에게 이 최첨단 훈련장을 제공해 준 사람은 러스티와 더스티 형제가 아닌 굴지의 흙받이^{mudflaps} 회사 회장인 스털링이었어요. 맥퀸의 스폰서를 하기에는 더 이상 여력이 없는 러스티와 더스티가 맥퀸의 성공을 기원하는 간곡한 마음으로 더 능력 있는 스폰서에게 그들의 브랜드를 넘긴 것이랍니다. 한편, 스털링은 자칭 맥퀸의 열혈 팬이라고^{a big fan} 하는데 맥퀸이 다시 한번 챔피언이 될 수 있도록 돕고 싶어 그의 스폰서가 되기로 했다는군요. 맥퀸에게는 이제 더 열심히 훈련해서 모두의 바람에 부응하는^{live up to their expectations} 일만 남았네요.

Warm Up! 오늘 배울 표현   오늘 등장하는 표현들입니다. 어떤 표현이 들어가야 할지 생각해 보세요.

* _____ Sterling. 제발 미스터라는 호칭은 쓰지 말게. 그냥 스털링이라고 불러줘.

* Rusty and Dusty here _____. 러스티와 더스티에게 너무나도 고마울 따름이야.

* _____ us. 무슨 과찬의 말씀을.

* _____ a quick _____. 잠시나마 인사를 나누고 싶어서 왔네.

* _____, guys. 문은 항상 열려있으니 언제든지 와도 좋네.

바로 이 장면!

오디오 파일을 듣고 3번 따라 말해보세요.

STERLING 스털링	Welcome to the Rust-eze Racing Center! You have no idea how much I've been looking forward to this. 러스티-즈 레이싱 센터에 온걸 환영하네! 자네는 내가 이 순간을 얼마나 학수고대해 왔는지 모를 걸세.
MCQUEEN 맥퀸	Thanks, uh... Mister... 감사합니다. 어… 미스터…
STERLING 스털링	Please. **No Mister, just** Sterling.❶ I have been a fan of yours forever. And to be your sponsor? How great is that? **I can't thank** Rusty and Dusty here **enough.**❷ Tough negotiators by the way. 오 제발 미스터라는 호칭은 쓰지 말게, 그냥 스털링이라고 불러줘. 난 자네의 골수팬이라네. 그런데 자네의 스폰서가 되다니? 얼마나 끝내주는 일인가? 러스티와 더스티에게 너무나도 고마울 따름이야. 여담이지만 완전 흥정꾼들이더군.
DUSTY 더스티	Ah. **You flatter us**❸ – but, don't stop! 아. 무슨 과찬의 말씀을 - 그렇지만, 계속하세요!
RUSTY & DUSTY 러스티와 더스티	(laugh) (웃는다) 계속하세요!
STERLING 스털링	Anyway... **just wanted to say** a quick **hello.**❹ Take as much time as you need. **Door's always open**, guys.❺ 여하튼… 잠시나마 인사를 나누고 싶어서 왔네. 천천히 하던 일 계속하게. 문은 항상 열려있으니 언제든지 와도 좋네.
DUSTY 더스티	See? 봤지?
MCQUEEN 맥퀸	Well, I... I sure am gonna miss racing for you guys. 아, 나… 난 정말 너희 회사를 위해 경주했던 날이 그리울 거야.
DUSTY 더스티	Ya know, you gave us a lot of great memories, Lightning. Memories we'll remember. 라이트닝, 넌 우리에게 참 많은 소중한 추억들을 남겨주었어. 우리가 늘 기억할 추억들 말이야.
RUSTY 러스티	Wow. That's good. 우와. 멘트 멋있는데.

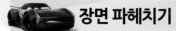

❶ **No Mister, just Sterling.** 제발 미스터라는 호칭은 쓰지 말게. 그냥 스털링이라고 불러줘.

영어권에서는 조금 친해지면 서로의 이름을 부르는 것이 일상적이죠. 그래서 상대방에게 '그렇게 존칭으로 부르지 말고 편하게 내 이름(first name)으로 불러 주세요'라고 합니다. 그때 쓰는 패턴이 바로 〈No + 존칭, just (call me) + 이름〉이랍니다.

★ 영화 속 패턴 읽기

❷ **I can't thank Rusty and Dusty here enough.** 러스티와 더스티에게 너무나도 고마울 따름이야.

상대방에게 감사한 마음을 전달하는 많은 표현 중 하나인 이 표현은 '그 어떤 말을 말해도 감사가 충분하지 않다'라는 의미로 감사한 마음을 더욱 크게 강조한 표현이에요. 'I can't thank (someone) enough'의 패턴으로 활용해 주세요.

★ 영화 속 패턴 읽기

❸ **You flatter us.** 무슨 과찬의 말씀을.

Flatter라는 동사는 기본 의미가 '아첨하다'이지만, 또 다른 의미로 '실제보다 돋보이게 하다'라는 뜻도 있어요. 그래서 지금과 같이 '무슨 과찬의 말씀을'이라고 할 때도 많이 활용되는데, 가장 많이 쓰이는 표현은 'I'm flattered!'랍니다. 상대방이 칭찬해 줘서 어깨가 으쓱해진다는 표현으로 '그렇게 말씀하시니 몸 둘 바를 모르겠네요'라고 해석할 수도 있겠어요.

* Don't **flatter** me so much. 너무 과찬하지 마세요.
* This is very **flattering**. 과찬의 말씀이세요.

❹ **Just wanted to say a quick hello.** 잠시나마 인사를 나누고 싶어서 왔네.

잠시 인사를 하려고 누군가의 집/사무실 등에 들르거나 전화로 안부를 묻는 인사를 하는 경우에 '인사하다'라는 뜻으로 say hi 또는 say hello라는 표현을 주로 쓰지요. 지금과 같이 '그냥 잠시 인사나 할까 해서 왔어'라고 말할 때는 'Just wanted to say hi/hello'라고 말하는 경우가 많아요. 중간에 들어가는 a quick은 '아주 잠시'라고 강조하려고 일부러 넣은 것이고요.

* I hope you are not too busy. **Just wanted to say hello**.
  너무 바쁜 상황은 아니었으면 좋겠네. 그냥 잠시 인사나 하고 가려고 들렀어.
* **Just wanted to say hi** and see how you are doing. 그냥 잘 지내나 보고 인사나 하려고 들렀어.

❺ **Door's always open, guys.** 문은 항상 열려있으니 언제든지 와도 좋네.

우리말로도 도움이 필요할 때 언제든 와도 환영한다는 뜻으로 '항상 문은 열려있다'는 표현을 쓰지요? 같은 의미로 쓰는 영어 표현이 바로 Door's always open이랍니다. 앞에 My/your/her/his와 같은 소유격 인칭대명사를 넣어서 쓰는 경우도 많아요.

* If you ever need someone to talk to, my **door's always open**.
  언제든 대화 상대가 필요하면 나의 문은 항상 열려있으니 찾아오도록 하거라.
* My **door is always open**. Don't even knock. 내 문은 항상 열려있단다. 노크할 필요도 없지.

영화 속 패턴 익히기 오늘 배운 장면에서 뽑은 핵심 패턴으로 다양한 표현을 만들어 보세요.

🎧 09-2.mp3

No + 존칭, just + first name   ~라고 부르지 말고, 그냥 ~라고 불러요.

Step 1 기본 패턴 연습하기

1 **No** madam, **just** Susan. 부인이라고 부르지 말고, 그냥 수잔이라고 불러요.

2 **No** sir, **just** Craig. 존칭으로 부르지 말고, 그냥 크레이그라고 불러요.

3 **No** reverend, **just** Paul. 목사님이라고 부르지 말고, 그냥 폴이라고 부르세요.

4 _____ Adam. 미스터라고 부르지 말고, 그냥 아담이라고 불러라.

5 _____ professor, _____ Mary. 교수님이라고 하지 말고, 그냥 메리라고 부르렴.

Step 2 패턴 응용하기 | No + 명사, just + 명사

1 **No** money, **just** passion. 돈은 없고, 그냥 열정만 있어요.

2 **No** men, **just** women. 남자들은 안 되고, 여자들만 돼요.

3 **No** fame, **just** money. 명성은 중요하지 않아요, 단지 돈이 중요하죠.

4 _____ action. 말없이, 행동으로 보여주죠.

5 _____ fun. 위험 부담 전혀 없이, 그냥 재미로 하는 거예요.

Step 3 실생활에 적용하기

A Do women come here, too?

B 아니 여자들은 안 오고 남자들만 와.

A That doesn't sound like too much fun.

A 여기 여자들도 있니?

B No women, just men.

A 그러면 그다지 재미있을 것 같지 않네.

정답 Step 1 4 No Mr., just 5 No / just   Step 2 4 No words, just 5 No risk, just

58

I can't thank + someone + enough ~에게 정말 너무나도 고맙다.

Step 1 기본 패턴 연습하기

1 **I can't thank** you **enough**. 너에게 정말 너무나도 고마워.

2 **I can't thank** Sean **enough** for his support. 숀이 나를 지지해줘서 정말 너무 고마워.

3 **I can't thank** her **enough** for her kindness. 그녀의 친절함에 너무 고맙더라고.

4 _____ for everything you've done for me.
저를 위해 해준 모든 것들에 대해서 너무나도 고마워요.

5 _____ for making my birthday memorable.
오늘을 기억에 남을 만한 생일날로 만들어줘서 오웬에게 너무 고마워.

Step 2 패턴 응용하기 | I can't get enough + (of + 명사구)

1 This is so good! **I can't get enough**! 이거 너무 좋애! 아무리 많아도 질리지 않아!

2 **I can't get enough** of this new TV show. 이번에 새로 하는 새 TV 프로그램 보고 또 봐도 너무 재미있어.

3 **I can't get enough** of your love. 당신의 사랑은 받고 받아도 또 받고 싶어요.

4 _____ of this book. 이 책은 읽고 또 읽어도 너무 좋아.

5 _____ this view. 아무리 봐도 너무 아름다운 경관이에요.

Step 3 실생활에 적용하기

A How did it go with your interview?

B It went really well. 여러모로 조언해 줘서 정말 너무 고마워.

A No problem.

A 인터뷰 잘했니?

B 아주 잘했어. I can't thank you enough for your tips.

A 별것도 아닌데 뭘.

정답 Step 1 4 I can't thank you enough 5 I can't thank Owen enough Step 2 4 I can't get enough 5 I can't get enough of

A | 영화 속 대화를 완성해 보세요.

STERLING Welcome to the Rust-eze Racing Center! ❶_____
_____ I've been looking forward to this. 러스티-즈
레이싱 센터에 온걸 환영하네! 자네는 내가 이 순간을 얼마나 학수고대해 왔는지 모를 걸세.

MCQUEEN Thanks, uh... Mister... 감사합니다. 어… 미스터…

STERLING Please. ❷_____ Sterling. I have been a
fan of yours forever. And to be your sponsor? How
great is that? ❸_____.
Tough negotiators by the way. 오 제발 미스터라는 호칭은 쓰지
말게. 그냥 스털링이라고 불러줘. 난 자네 골수팬이라네. 그런데 자네의 스폰서가 되다니?
얼마나 끝내주는 일인가? 러스티와 더스티에게 너무나도 고마울 따름이야. 어닭이지만 완전
흥정꾼이더군.

DUSTY Ah. ❹_____ us – but, don't stop!
아, 무슨 과찬의 말씀을 – 그렇지만, 계속하세요!

RUSTY & DUSTY (laugh) (웃는다)

STERLING Anyway... ❺_____.
Take as ❻_____ as you need. ❼_____
_____, guys. 여하튼… 잠시나마 인사를 나누고 싶어서 왔네.
천천히 하던 일 계속하게. 문은 항상 열려있으니 언제든지 와도 좋네.

DUSTY See? 봤지?

MCQUEEN Well, I... I sure am gonna miss racing for you guys.
아, 나… 난 정말 너희 회사를 위해 경주했던 날이 그리울 거야.

DUSTY Ya know, you gave us ❽_____,
Lightning. Memories we'll remember. 라이트닝, 넌 우리에게
참 많은 소중한 추억들을 남겨줬어. 우리가 늘 기억할 추억들 말이야.

RUSTY Wow. That's good. 우와, 멘트 멋졌는데.

정답 A

❶ You have no idea
how much

❷ No Mister, just

❸ I can't thank
Rusty and Dusty
here enough

❹ You flatter

❺ just wanted to
say a quick hello

❻ much time

❼ Door's always
open

❽ a lot of great
memories

B | 다음 빈칸을 채워 문장을 완성해 보세요.

1 미스터라고 부르지 말고 그냥 아담이라고 불러라.
_____ Adam.

2 남자들은 안 되고 여자들만 돼요.
_____ women.

3 그녀의 친절함에 너무 고맙더라고.
_____ for her kindness.

4 저를 위해 해준 모든 것들에 대해서 너무나도 고마워요.
_____ for everything you've done for me.

5 이 책은 읽고 또 읽어도 너무 좋아.
_____ of this book.

정답 B

1 No Mr., just

2 No men, just

3 I can't thank her
enough

4 I can't thank you
enough

5 I can't get enough

Cruz, the Maestro of Training

훈련계의 거장, 크루즈

스틸링이 마련해 준 '러스티즈 레이싱 센터'에서 훈련을 하게 된 맥퀸은 그의 훈련을 도울 트레이너와 인사를 나눕니다. 그의 훈련을 담당하게 된[in charge] 트레이너는 트레이닝계의 거장[maestro]이라고 불릴 만큼 실력이 탁월한[outstanding] 여성 트레이너, '크루즈'예요. 맥퀸과의 첫 만남부터 그녀는 그에게서 더욱더 긍정적이고 적극적인 태도를[positive attitude] 끌어내기 위해 그를 테스트하네요. 역시 예사롭지 않아요[extraordinary]. 앞으로 그녀와의 훈련 과정이 어떻게 진행될지 참으로 궁금해지네요!

Warm Up! 오늘 배울 표현   오늘 등장하는 표현들입니다. 어떤 표현이 들어가야 할지 생각해 보세요.

* _____ Lightning McQueen. 라이트닝 맥퀸을 소개하겠네.

* _____ you're the Maestro. 당신은 거장이시라고 들었어요.

* _____ see him? 진짜 그가 안 보여요?

* He's obviously an _____. 그는 분명 사칭하는 사기꾼일 거예요.

* He looks old and _____, with flabby tires!
  내 눈엔 그저 그가 바람 빠진 타이어에 낡고 고장 난 차로 보이는데요.

STERLING
스털링

I'd like to introduce you to Lightning McQueen❶ –
라이트닝 맥퀸을 소개하겠네.

MCQUEEN
맥퀸

I hear you're the Maestro.❷
거장이시라고 들었어요.

CRUZ
크루즈

Mr. Sterling, did you say Lightning McQueen was here because I don't see him anywhere.
스털링 씨, 라이트닝 맥퀸이 여기 있다고 하셨나요? 제 눈에는 안 보이는데요.

LUIGI
루이지

Uh – But he's right here. **Do you not see** him?❸
어 – 바로 여기 있잖아요. 진짜 안 보여요?

CRUZ
크루즈

Nope. Still don't see him.
아니요. 아직도 안 보이는데요.

LUIGI
루이지

He's right in front of you. It's Lightning McQueen.
바로 당신 앞에 있잖아요. 라이트닝 맥퀸이라고요.

CRUZ
크루즈

He's obviously an **imposter**❹ – he looks old and **broken down**, with flabby tires!❺
그는 분명 맥퀸이라고 사칭하는 사기꾼일 거예요. 내 눈엔 바람 빠진 타이어에 낡고 고장 난 차만 보이는걸요!

MCQUEEN
맥퀸

Hey! I do not!
이봐요! 난 안 그래요!

CRUZ
크루즈

Use that!!
바로 그런 태도가 필요하다고요!

장면 파헤치기 구문 설명과 예문으로 이 장면의 핵심 표현을 완벽히 이해하세요.

❶ I'd like to introduce you to Lightning McQueen. 라이트닝 맥퀸을 소개하겠네.

처음으로 만난 자리에서 지인들을 서로 소개해줄 때 쓰는 격식 차린 표현이에요. 구어체에서 많이 쓰는 표현은
〈I want you to meet + 이름〉의 패턴입니다. ★ 영화 속 패턴 읽기

❷ I hear you're the Maestro. 당신은 거장이시라고 들었어요.

I hear과 I heard는 모두 '~라고 들었다'는 의미로 해석되는데, 사실 어감에 차이가 있답니다. I heard가
'누군가 특정한 사람에게 직접 들었다'고 말할 때 쓰이지만, I hear는 '그런 소문이 들리더라, 사람들이 그렇게
이야기하더라'라는 의미를 담고 있죠. ★ 영화 속 패턴 읽기

❸ Do you not see him? 진짜 그가 안 보여요?

위의 질문을 Don't you see him?이라고 해도 같은 뜻이지만, Do you not으로 단어를 모두 떨어뜨려서 쓰면 강조의
어감을 느낄 수 있답니다. 이런 경우에는 not을 강조해서 발음하면 좋아요.

* **Do you not** want him to come? 정말로 그가 안 왔으면 좋겠어요?
* **Does she not** know that the boss is in his office? 상사가 자기 사무실에 있는 걸 그녀는 설마 모르고 있는 건가요?

❹ He's obviously an imposter. 그는 분명 사칭하는 사기꾼일 거예요.

사기꾼을 칭하는 영어 표현은 많은데, 가장 일반적이고 쉬운 것이 fraud예요. 그리고 con man 혹은 con artist,
swindler와 같은 표현들도 있고, 비격식적으로 crook도 많이 쓰지요. 사기꾼 중에서 남의 주소나 남의 직업, 이름
따위를 사칭하고 다니는 사람은 따로 imposter라고 합니다.

* Be careful with that guy. He may be an **imposter**. 그 남자 조심해. 사기꾼일 수도 있어.
* How do you know if he's an **imposter**? 그가 남의 이름을 사칭하는 사기꾼인지 넌 어떻게 알아?

❺ He looks old and broken down, with flabby tires! 내 눈엔 바람 빠진 타이어에 낡고 고장 난 차만 보이는걸요!

무엇인가가 broken down되었다고 표현하면 '고장 나버린/망가진'이라는 뜻인데, 이 표현은 특히 오래된 물건을
묘사할 때 많이 쓰인답니다. 그런 경우에는 오래돼서 완전히 망가지고 고물처럼 쇠진했다는 뜻으로 해석하면
되겠어요.

* The walls of the church building were old and **broken down**.
  그 교회 건물의 벽들이 오래되고 낡아서 무너졌다.
* My oven is **broken down**. 내 오븐이 낡아서 고장 났다.

🎧 10-2.mp3

I'd like to introduce you to + someone (소개해 드릴게요) ~와 인사하세요.

Step 1   기본 패턴 연습하기

1 **I'd like to introduce you to** William Davis. 윌리엄 데이비스와 인사하세요.

2 **I'd like to introduce you to** each other. 소개해 드릴게요. 서로 인사하세요.

3 **I'd like to introduce you to** my sister, Jane. 내 여동생 제인이야. 인사해.

4 _____ my uncle, Dylan. 딜런 삼촌이야. 인사해.

5 _____, Candace. 내 친구 캔디스라고 해. 인사해라.

Step 2   패턴 응용하기 | I want you to meet + someone

1 **I want you to meet** Mr. Lee. 미스터 리와 인사 나눠라.

2 **I want you to meet** my friend, Tony. 내 친구 토니와 인사해라.

3 **I want you to meet** my brother, Bill. 내 남동생 빌이야. 인사해.

4 _____ my girlfriend, Rosy. 내 여자친구 로지야. 인사해.

5 _____ fiancé, Jay. 내 약혼남 제이야. 인사해.

Step 3   실생활에 적용하기

A Have you two met?

B No, I don't think we have.

A Okay, then. 자 이쪽은 내 친구 댄이야. 인사해라.

A 너희 둘이 인사 나눈 적 있니?

B 아니, 없는 것 같은데.

A 그래 그럼. I want you to meet my friend, Dan.

정답   Step 1 4 I'd like to introduce you to   5 I'd like to introduce you to my friend   Step 2 4 I want you to meet   5 I want you to meet my

64

I hear (that) + 주어 + 동사

(소문으로) ~라는 이야기를 들었어요.

Step 1 기본 패턴 연습하기

1 **I hear** you are a singer. 가수라면서요.

2 **I hear** she is a model in Japan. 그녀가 일본에서 모델이라더라.

3 **I hear** Roy is a regular at the club. 로이가 클럽 단골이래.

4 .... this place is haunted. 여기 귀신들린 집이라던데.

5 .... make good money. 너 돈 많이 번다던데.

Step 2 패턴 응용하기 I heard (that) + 주어 + 동사 (현재/과거)

1 **I heard** you are married now. 결혼하셨다고 들었어요.

2 **I heard** he didn't come home last night. 그가 어젯밤에 집에 안 왔다고 하네.

3 **I heard** she is feeling ill. 그녀가 아프다고 들었어.

4 .... grounded you for two weeks.
너희 엄마가 너 2주 동안 외출금지 했다고 들었어.

5 .... Pam is pregnant. 팸이 임신했다고 들었어.

Step 3 실생활에 적용하기

A 너 바람둥이라고 하더라.

B Who says that?

A 모두가 다.

A I hear you are a player.

B 누가 그래?

A Everybody does.

정답 Step 1 4 I hear 5 I hear you Step 2 4 I heard your mom 5 I heard

65

A | 영화 속 대화를 완성해 보세요.

STERLING ❶_____ Lightning McQueen –
라이트닝 맥퀸을 소개하겠네.

MCQUEEN ❷_____ you're the Maestro.
거장이시라고 들었어요.

CRUZ Mr. Sterling, ❸_____ Lightning McQueen was
here because I don't ❹_____.
스털링 씨, 라이트닝 맥퀸이 여기 있다고 하셨나요? 제 눈에는 안 보이는데요.

LUIGI Uh – But he's right here. ❺_____ see him?
어 – 바로 여기 있잖아요. 진짜 안 보여요?

CRUZ Nope. ❻_____.
아니요. 아직도 안 보이는데요.

LUIGI He's right ❼_____ you. It's Lightning McQueen.
바로 당신 앞에 있잖아요. 라이트닝 맥퀸이라고요.

CRUZ He's obviously an ❽_____ - he looks old and
❾_____, with ❿_____ tires!
그는 분명 맥퀸이라고 사칭하는 사기꾼일 거예요. 내 눈엔 바람 빠진 타이어에 낡고 고장 난 차만
보이는걸요!

MCQUEEN Hey! I do not!
이봐요! 난 안 그래요!

CRUZ Use that!!
바로 그런 태도가 필요하다고요!

정답 A

❶ I'd like to introduce you to

❷ I hear

❸ did you say

❹ see him anywhere

❺ Do you not

❻ Still don't see him

❼ in front of

❽ imposter

❾ broken down

❿ flabby

B | 다음 빈칸을 채워 문장을 완성해 보세요.

1 딜런 삼촌이야. 인사해.

_____ my uncle, Dylan.

2 내 친구 토니와 인사해라.

_____ my friend, Tony.

3 여기 귀신들린 집이라던데.

_____ this place is haunted.

4 너 돈 많이 번다던데.

_____ make good money.

5 팸이 임신했다고 들었어.

_____ Pam is pregnant.

정답 B

1 I'd like to introduce you to

2 I want you to meet

3 I hear

4 I hear you

5 I heard

McQueen, a Drip Pan

기름받이 어르신, 맥퀸

맥퀸의 트레이너 크루즈가 맥퀸에게 대놓고 한물간 선수 취급을 하네요. 혹시 밑으로 기름이 흐를 수도 있으니 기름받이를^{a drip pan} 차라고 하지를 않나 관절에^{joint} 무리가 가지 않게 조심하라고 하고 너무 힘들 테니 낮잠도 자면서^{take a nap} 충분히 휴식을 취하라고 하네요. 정말 이런 대접은^{treat} 처음인 것 같아요. 맥퀸이 비록 다른 신예들에^{rookies} 비해서 조금 나이가 들긴 했지만, 그 정도까지는 아닌데 말이에요. 게다가^{besides} 마음은 아직도 새파란 청춘이고 충분히 경쟁력이^{ability to compete} 있단 말이죠. 시뮬레이터에 어서 올라가서 제대로 된 훈련을 시작하고 싶은데 그것조차도 못 하게 하는군요.

Warm Up! 오늘 배울 표현   오늘 등장하는 표현들입니다. 어떤 표현이 들어가야 할지 생각해 보세요.

* _____. 만약을 대비해서.

* _____? 날 도대체 몇 살이라고 생각하는 거예요?

* _____ driving fast down a steep hill.
  가파른 언덕에서 빠른 속도로 내려가는 자신을 머릿속으로 그려보세요.

* I'll be _____. 잠시만 다녀올게요.

* _____, Drip pan? 잘 버티고 있나요, 기름받이 어르신?

MCQUEEN
맥퀸

Is that – a drip pan?

그거 기름받이인가요?

CRUZ
크루즈

Just in case... ❶

만약을 대비해서…

MCQUEEN
맥퀸

How old do you think I am? ❷

날 도대체 몇 살이라고 생각하는 거예요?

CRUZ
크루즈

Visualize yourself driving fast down a steep hill. ❸ I'll be **back in a few**. ❹

가파른 언덕에서 빠른 속도로 내려가는 자신을 머릿속으로 그려보세요. 잠시만 다녀올게요.

MCQUEEN
맥퀸

Visualize? Wait, wait! Cruz!

머릿속으로 그려보라고? 잠깐, 기다려요! 크루즈!

MCQUEEN
맥퀸

A few what?! I just want to go on the simulator...

그 잠시라는 게 얼마나 잠시라는 거요? 난 그저 시뮬레이터에 올라타고 싶었을 뿐인데…

KURT
커트

How's it hanging, Drip pan? ❺

잘 버티고 있나요, 기름받이 어르신?

KURT
커트

'Sup.

안녕하세요.

CRUZ
크루즈

Okay, day three – treadmill – I've set a maximum speed to conserve your energy. What I want you to do is visualize beating – THIS GUY.

자, 셋째 날 – 러닝머신 – 당신의 에너지를 보존하기 위해서 최고속도로 맞춰놨어요. 이제 당신이 해야 할 일은 이기는 것을 머릿속에 그려보는 거예요 – 이 자를 말이에요.

MCQUEEN
맥퀸

Storm?

스톰?

CRUZ
크루즈

Uh huh. That's right! Get him! Get him, Mr. McQueen.

네 네, 맞아요! 저 자를 잡아요! 잡아보라고요, 맥퀸 씨.

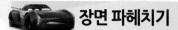 **장면 파헤치기** 구문 설명과 예문으로 이 장면의 핵심 표현을 완벽히 이해하세요.

---

❶ **Just in case.** 만약을 대비해서.

혹시 모를 만약의 사태에 대비해서 무엇을 준비해 두는 경우에 쓰는 표현이에요. 뒤에 내용을 넣어서 더 길게 쓰기도 하고, 그냥 위에서처럼 짧게 세 단어로 표현하기도 합니다.

* Take an umbrella with you, **just in case.** 우산 가져가라. 혹시 모르니까.
* **In case** you forgot, here it is again. 혹시 잊으셨다면. 자 여기 다시 드려요.

---

❷ **How old do you think I am?** 날 도대체 몇 살이라고 생각하는 거예요?

상대방에게 따지듯이 '도대체 날 몇 살로 보시는 거예요?'라고 할 때 쓰는 문장이에요. 형용사 old를 다른 형용사로 대체할 수 있습니다. 예를 들어, How dumb do you think I am? '도대체 날 얼마나 멍청하게 보는 거예요?' 이런 식으로 쓸 수 있답니다.

★ 영화 속 패턴 익히기

---

❸ **Visualize yourself** driving fast down a steep hill.
가파른 언덕에서 빠른 속도로 내려가는 자신을 머릿속으로 그려보세요.

상상해 보라고 할 때는 주로 picture나 imagine이라는 동사를 많이 쓰는데 여기에서처럼 visualize를 쓸 수도 있어요. Picture yourself나 imagine yourself보다 visualize yourself라고 하는 것이 조금 더 역동적인 느낌이 드는군요.

* **Visualize** your dreams into reality. 너의 꿈들을 현실로 시각화 해봐라.
* Try to **visualize yourself** as an young man. 자신을 젊은이로 상상해 보아요.

---

❹ **I'll be back in a few.** 잠시만 다녀올게요.

금방 다시 돌아오겠다고 할 때 I'll be back in a minute이나 I'll be back in a second 또는 I'll be back in a bit과 같은 표현들을 쓰는데, 위에서처럼 I'll be back in a few (minutes/seconds)라고 할 수도 있어요. 그런데, 이 경우에, in a few라고만 하면 상황에 따라 혼란을 줄 수도 있으니 뒤에 명확하게 minutes나 seconds를 넣어 주시면 더 좋아요.

★ 영화 속 패턴 익히기

---

❺ **How's it hanging, Drip pan?** 잘 버티고 있나요. 기름받이 어르신?

How's it hanging?은 비격식체로 How's it going with you?와 같은 의미예요. '뭐 별일 없이 잘 지내니? / 안녕하니?'라는 뜻이지요. 이 질문에 대한 대답으로는 단순히 okay나 not bad와 같은 표현을 써도 좋지만 구어체적 표현으로 I'm hanging in there. '그럭저럭 잘 버티고 있어'라고 대답하면 더 좋습니다. '잘 버텨라/견뎌라'라고 할 때 쓰는 관용표현 'Hang in there!'라는 표현도 같이 알아두세요.

* It's almost done. **Hang** in there. 거의 끝났어. 조금만 참아.
* Are you **hanging** in there? 잘 버티며 살고 있니?

69

🎧 11-2.mp3

How + 형용사 + do you think I am? 날 (도대체) 얼마나 ~이라고 생각하는 거예요?

Step 1 기본 패턴 연습하기

1 **How** stupid **do you think I am**? 날 도대체 얼마나 멍청하다고 생각하는 거니?

2 **How** smart **do you think I am**? 날 도대체 얼마나 똑똑하다고 생각하는 거니?

3 **How** rich **do you think I am**? 날 도대체 얼마나 부자라고 생각하는 거니?

4 How weird _____? 날 도대체 얼마나 이상하다고 생각하는 거니?

5 _____ I am? 날 도대체 얼마나 쉽게 보는 거니?

Step 2 패턴 응용하기 How + 형용사 + do you think + 주어 + be동사 (or 조동사 + 동사)

1 **How** arrogant **do you think he is**? 그가 얼마나 거만한 것 같니?

2 **How** big **do you think he may be**? 그가 도대체 얼마나 클 것 같니?

3 **How** fast **do you think she can run**? 그녀가 얼마나 빨리 뛸 수 있을 것 같니?

4 _____ he will pay? 그가 얼마나 돈을 많이 낼 것 같니?

5 _____ Michael can reach? 마이클이 얼마나 높은 곳까지 이를 수 있을 것 같니?

Step 3 실생활에 적용하기

A Are you married?

B 날 도대체 몇 살이라고 생각하는 거예요? I've just turned 20 this year.

A Is that so? I thought you were a bit older than that.

A 결혼했어요?

B How old do you think I am? 나 이제 겨우 20살 됐는데.

A 그래요? 그것보단 더 나이가 있는 줄 알았어요.

정답 Step 1 4 do you think I am 5 How easy do you think Step 2 4 How much do you think 5 How high do you think

∩ 11-3.mp3

I'll be back in a few (seconds/moments). 금방 돌아올게.

Step 1　기본 패턴 연습하기

1　**I'll be back in a few** minutes. 몇 분 안에 돌아올게.

2　Don't worry. **I'll be back in a few** seconds. 걱정 말아라. 몇 초 안에 돌아올 테니.

3　**I'll be back in a few.** Do you want me to get you anything? 금방 돌아올게. 뭐 사다 줄까?

4　_____. It won't be that long. 금방 돌아올게. 오래 걸리지 않을 거야.

5　I need to go to the bathroom. _____. 화장실에 가야 해. 바로 돌아올게.

Step 2　패턴 응용하기 | 주어 + will be back in a minute/second

1　Harry **will be back in a minute.** 해리가 곧 돌아올 거예요.

2　Let's get out of here. My dad **will be back in a second.** 어서 나가자. 우리 아빠가 곧 돌아오실 거야.

3　Stay out of trouble. We **will be back in a minute.** 말썽 피우지 말고 얌전히 있어. 우리 금방 돌아올 거야.

4　Don't go anywhere. _____. 아무 데도 가지 말고 있어. 금방 다시 올 테니.

5　My husband is using the restroom now. _____.
우리 남편이 화장실을 쓰고 있어요. 금방 돌아올 거예요.

Step 3　실생활에 적용하기

A　금방 돌아올게.　　　　　　　　　A　I'll be back in a few.

B　Where are you going?　　　　　　B　어디 가는데?

A　미안한데 얘기해 줄 수가 없네.　　A　I'm sorry but I can't tell you that.

정답　Step 1 **4** I'll be back in a few **5** I'll be back in a few seconds　Step 2 **4** I'll be back in a second **5** He'll be back in a minute

71

A | 영화 속 대화를 완성해 보세요.

MCQUEEN Is that – a drip pan? 그거 기름받이인가요?

CRUZ ❶_____... 만약을 대비해서…

MCQUEEN ❷_____? 날 도대체 몇 살이라고 생각하는 거예요?

CRUZ ❸_____ driving fast down a steep hill. I'll be ❹_____. 가파른 언덕에서 빠른 속도로 내려가는 자신을 머릿속으로 그려보세요. 잠시만 다녀올게요.

MCQUEEN Visualize? Wait, wait! Cruz! 머릿속으로 그려보라고? 잠깐, 기다려요! 크루즈!

MCQUEEN A few what?! I ❺_____ go on the simulator… 그 잠시라는 게 얼마나 잠시라는 거요? 난 그저 시뮬레이터에 올라타고 싶었을 뿐인데…

KURT ❻_____, Drip pan? 잘 버티고 있어요, 기름받이 어르신?

KURT 'Sup. 안녕하세요.

CRUZ Okay, ❼_____ – treadmill – I've set a ❽_____ to conserve your energy. ❾_____ to do is visualize beating – THIS GUY. 자, 셋째 날 – 러닝머신 – 당신의 에너지를 보존하기 위해서 최고속도로 맞췄어요. 이제 당신이 해야 할 일은 이기는 것을 머릿속에 그려보는 거예요 – 이 자를 말이에요.

MCQUEEN Storm? 스톰?

CRUZ Uh huh. ❿_____! Get him! Get him, Mr. McQueen. 네 네. 맞아요! 저 자를 잡아요! 잡아보라고요, 맥퀸 씨.

B | 다음 빈칸을 채워 문장을 완성해 보세요.

1 날 도대체 몇 살로 보시는 거예요?

_____ I am?

2 날 도대체 얼마나 부자라고 생각하는 거니?

How _____?

3 그가 얼마나 돈을 많이 낼 것 같니?

_____ he will pay?

4 금방 돌아올게.

I'll _____.

5 우리 아빠가 곧 (1초 안에) 돌아오실 거야.

My dad will _____.

McQueen on Simulator

시뮬레이터에 올라탄 맥퀸

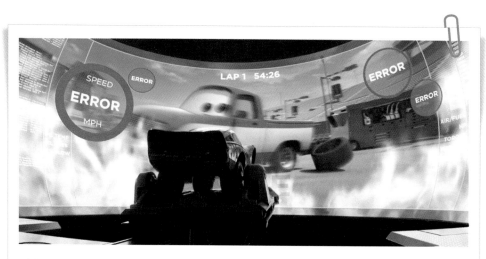

마음이 급한 나머지 크루즈의 말을 듣지 않고 제멋대로 시뮬레이터에 올라탄 맥퀸은 별것 아닐 줄 알았던 시뮬레이터에 호되게^{severely} 당하네요. 도무지 어떻게 제어할^{control} 줄 몰라 이리 부딪히고 저리 부딪히며 온몸이 만신창이가^{wrecked} 되고 망신도^{humiliation} 이런 망신이 없어요. 설상가상으로^{to make matters worse} 그의 스폰서 스털링도 그가 망가지는 장면을 목격하게 되어 맥퀸에게 적잖이 실망하는군요. 과연 맥퀸에게 다시 자존심을^{pride} 회복할 수^{redeem} 있는 기회가 올지 모르겠네요.

Warm Up! 오늘 배출 표현   오늘 등장하는 표현들입니다. 어떤 표현이 들어가야 할지 생각해 보세요.

*   a barrier. 장애물을 뛰어넘으셨습니다.
* You have   an ambulance. 앰뷸런스를 망가뜨렸습니다.
* You are   . 몸에 불이 났습니다.
* You are   . 반대 방향으로 가고 있습니다.
*   ! 조심해!

MCQUEEN
맥퀸

Ah!
아!

SIMULATOR
시뮬레이터

You have jumped a barrier.❶
장애물을 뛰어넘었습니다.

MCQUEEN
맥퀸

Sorry!
미안해요!

SIMULATOR
시뮬레이터

You have maimed two vehicles.
차량 두 대를 박살 냈습니다.

MCQUEEN
맥퀸

Ah!!
아!!

SIMULATOR
시뮬레이터

You have destroyed a drinking fountain.
식수대를 파괴했습니다.

MCQUEEN
맥퀸

AAaaaaaaaaaaahhhhhhhhhhhhH!!! Ah! Ah! Ah! Ah!
아아아!!!!!! 아 아 아 아

SIMULATOR
시뮬레이터

You have **disabled** an ambulance.❷
You are **on fire**.❸
앰뷸런스를 망가뜨렸습니다.
몸에 불이 났습니다.

SIMULATOR
시뮬레이터

Danger. Danger.
위험. 위험.

SIMULATOR
시뮬레이터

You are **going the wrong way**.❹
반대 방향으로 가고 있습니다.

MCQUEEN
맥퀸

Look out!!❺
조심해!!

SIMULATOR
시뮬레이터

Turn back. Turn back.
뒤로 돌아가십시오. 뒤로 돌아가십시오.

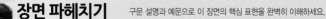

장면 파헤치기 구문 설명과 예문으로 이 장면의 핵심 표현을 완벽히 이해하세요.

❶ You have jumped a barrier. 장애물을 뛰어넘었습니다.

이 문장에서 동사를 단순 과거로 쓰지 않고 〈You have + 동사 과거분사〉 형식으로 씀으로써 격식 차린 표현으로 '당신은 지금은 어떤 행동을 하신 상태입니다'의 어감이 됩니다.

* **You have reached** Dr. Kim's office. 김박사님의 사무실에 전화하셨습니다.
* **You have pressed** the wrong button. 잘못된 버튼을 누르셨네요.

❷ You have disabled an ambulance. 앰뷸런스를 망가뜨렸습니다.

Disable은 사람에게 적용해서 사용하면 '(신체에) 장애를 입히다'라는 의미이고 사물에 적용하면 '망가뜨리다'라는 의미로 쓰여요. 컴퓨터 관련 용어로도 쓰이는데, 컴퓨터 장치나 시설에서 이들 본래의 동작 기능이나 능력을 억제 혹은 금지하는 것을 이릅니다. '비활성화, 사용금지' 등의 어휘로 사용되지요.

* He was **disabled** in the accident. 그는 사고로 장애를 입었다.
* **Disable** the alarm system and then enter the building.
  알람 시스템 기능을 정지시키고 그 후에 건물로 들어가시오.

❸ You are on fire. 몸에 불이 났습니다.

사람의 몸이나 사물, 건물 등에 불이 붙었을 경우에 on fire라는 표현을 쓰는데, 은유적으로 운동선수가 골을 갑자기 많이 넣거나 계속해서 뛰어난 실력을 발휘할 때 우리 말로 '불붙었다'는 표현을 하는 것처럼 이 표현을 많이 쓴답니다. 그리고 '~에 불을 붙이다'라고 할 때는 set something on fire라고 하는 것도 같이 알아두세요.

★ 영화 속 패턴 익히기

❹ You are going the wrong way. 반대 방향으로 가고 있습니다.

Go the wrong way는 '잘못된 방향 또는 반대 방향으로 가다'라는 의미로 쓰이는 표현이에요. 정확하게 정반대로 가는 것을 표현하고 싶을 때는 go in the opposite/reverse direction이라고 하면 됩니다. 이와 반대로 '제대로 된/옳은 방향으로 가다'는 go in the right way라고 표현하지요.

★ 영화 속 패턴 익히기

❺ Look out! 조심해!

보통 '조심해!'라고 외치는 영어 표현을 Watch out! 또는 Be careful! 정도로만 알고 있는 경우가 많은데, 같은 상황에서 Look out!도 굉장히 많이 쓰이는 표현이랍니다. 문장에서 '~을 조심하다'라는 뜻으로 쓸 때는 'look out for something'의 형식으로 씁니다. 덧붙여서 Heads up! '조심해!'도 같이 알아두면 더 좋고요.

* **Look out!** There's a truck coming! 조심해! 트럭이 온다!
* You should **look out** for falling rocks. 낙석들을 조심해야 해.

오늘 배운 장면에서 뽑은 핵심 패턴으로 다양한 표현을 만들어 보세요.

🎧 12-2.mp3

주어 + be on fire
~에 불이 났다/붙었다.

Step 1 기본 패턴 연습하기

1 The building is **on fire**. 그 건물에 불이 났다.

2 Oh, my God. My house is **on fire**. 맙소사. 우리 집에 불이 났어.

3 Help! My car is **on fire**! 도와주세요! 도와줘요! 차에 불이 붙었어요!

4 He's _____. Nobody can stop him! 그가 불이 붙었네. 아무도 그를 멈출 수가 없구나!

5 She hit that ball so perfectly. _____! 그녀가 그 공을 정말 완벽하게 맞혔어. 필 받았네!

Step 2 패턴 응용하기 | set something/someone on fire

1 Someone **set** the woods **on fire**. 누군가가 숲에 불을 질렀어.

2 Why did you **set** the chair **on fire**? 왜 의자에 불을 붙였니?

3 An arsonist **set** the museum **on fire**. 방화범이 박물관에 불을 질렀어.

4 The music _____. 그 음악이 관객석을 열광의 도가니로 만들었다.

5 Messi's goal _____. 메시의 골로 그의 팀 전체가 불붙었다.

Step 3 실생활에 적용하기

A 내 방에 불이 났어.

B Oh no. Let me go get the fire extinguisher.

A 안돼, 이미 늦었어. 지금 당장 밖으로 나가야 해!

A My room is on fire.

B 오 이런. 소화기 가져올게.

A No, it's too late. We have to get out of here right away!

정답 　Step 1 4 on fire 5 She's on fire 　Step 2 4 set the audience on fire 5 set his team on fire

76

주어 + be동사 + going the wrong way. ~가 잘못된 방향으로 가고 있다.

Step 1 기본 패턴 연습하기

1 This bus is **going the wrong way.** 버스가 반대 방향으로 가고 있어.

2 Stop! You are **going the wrong way!** 멈춰요! 반대 방향으로 가고 있어요!

3 A lot of things are **going the wrong way.** 많은 것들이 잘못된 방향으로 가고 있다.

4 If you _____, turn around! 잘못된 방향으로 가고 있다면, 다시 돌아가라!

5 It looks like you don't realize that _____.
네가 반대 방향으로 가고 있다는 걸 모르고 있는 것 같구나.

Step 2 패턴 응용하기 | 주어 + be동사 + going the right way

1 Am I **going the right way?** 제가 제대로 가고 있는 것 맞나요?

2 Everything is **going the right way.** 모든 것이 제대로 흘러가고 있어.

3 If you see this sign, you are **going the right way.** 이 표지판을 보면, 제대로 가고 있는 거예요.

4 It's hard to tell if you're _____.
제대로 가고 있는 것인지 아닌지 구분하기가 어렵다.

5 That's the indication that _____.
그것이 바로 우리가 제대로 가고 있다는 것을 보여주는 것이다.

Step 3 실생활에 적용하기

A Am I going the right way?	A 내가 제대로 가고 있는 건가?
B No, 반대로 가고 있는데!	B 아니, you are going the wrong way!
A Darn it! I'm so bad with directions.	A 아 이런! 난 정말 길치야.

정답 Step 1 4 are going the wrong way 5 you are going the wrong way Step 2 4 going the right way 5 we are going the right way

77

A | 영화 속 대화를 완성해 보세요.

MCQUEEN Ah! 아!

SIMULATOR ❶_____ a barrier.
장애물을 뛰어넘었습니다.

MCQUEEN Sorry! 미안해요!

SIMULATOR You have ❷_____ two vehicles.
차량 두 대를 박살 냈습니다.

MCQUEEN Ah!! 아!!

SIMULATOR You have ❸_____ a drinking ❹_____.
식수대를 파괴했습니다.

MCQUEEN AAaaaaaaaaaaahhhhhhhhhhHHHH!!! Ah! Ah! Ah!
Ah! 아아아!!!!!! 아! 아! 아! 아!

SIMULATOR You have ❺_____ an ambulance. You are
❻_____. 앰뷸런스를 망가뜨렸습니다. 몸에 불이 났습니다.

SIMULATOR ❼_____. Danger. 위험. 위험.

SIMULATOR You are ❽_____.
반대 방향으로 가고 있습니다.

MCQUEEN ❾_____!! 조심해!!

SIMULATOR ❿_____. Turn back.
뒤로 돌아가십시오. 뒤로 돌아가십시오.

정답 A

❶ You have jumped
❷ maimed
❸ destroyed
❹ fountain
❺ disabled
❻ on fire
❼ Danger
❽ going the wrong way
❾ Look out
❿ Turn back

B | 다음 빈칸을 채워 문장을 완성해 보세요.

1 우리 집에 불이 났어.
My house _____.

2 그가 불이 붙었네.
He's _____.

3 방화범이 박물관에 불을 질렀어.
An arsonist _____.

4 만약 잘못된 방향으로 가고 있다면, 다시 돌아가라.
If you are _____, turn around!

5 제가 제대로 가고 있는 것 맞나요?
Am I _____?

정답 B

1 is on fire
2 on fire
3 set the museum on fire
4 going the wrong way
5 going the right way

Making a Deal with Sterling

스털링과의 협상

맥퀸의 형편없는^{miserable} 실력에 실망한 스털링은 아무래도 그가 더 이상은 우승을 할 수 없을 것 같다며 이번 플로리다 대회에 그를 출전시키지 않을 것이라고 통보를^{notify} 하네요. 맥퀸은 다시 한 번 예전 방식으로 정말 열심히 훈련하겠다며 스털링에게 마지막으로 한 번만 더 기회를 달라고 간청합니다^{plead}. 스털링은 예전 방식으로 훈련하겠다는 그가 전혀 미덥지 않지만^{unconvinced} 한 번만 더 기회를 주기로 합니다. 이번에 우승하지 못하면 미련 없이 레이싱계를 은퇴하겠다고^{retire} 약속을 한 맥퀸은 마음을 다잡고 이제부터 정말 혼신의 힘을 다하리라 다짐하는군요.

Warm Up! 오늘 배울 표현   오늘 등장하는 표현들입니다. 어떤 표현이 들어가야 할지 생각해 보세요.

* _____ – it's too risky. 글쎄. 자네가 요구하는 건 – 너무 위험부담이 크네.

* But _____, I decide when I'm done. 하지만 제가 우승하면, 제 은퇴 시기는 제가 결정하는 거로 하죠.

* _____! 후회하지 않을 거예요!

* _____. 한 가지만.

* _____ I don't like taking chances.
이건 내가 요행을 바라는 걸 좋아하지 않기 때문에 하는 얘긴데.

STERLING
스털링

I don't know. **What you're asking** – it's too risky. ❶

글쎄. 자네가 요구하는 건 – 너무 위험부담이 크네.

MCQUEEN
맥퀸

C'monnnn. You like it, I can tell. It's got that little comeback story of the year feel to it, doesn't it?

아 정말 왜 이러세요. 당신도 맘에 드시잖아요. 딱 보니까 알겠는데요 뭐. 그 말씀 하신 올해의 재기 스토리인가 뭔가 하는 그런 느낌이 팍팍 오잖아요. 안 그래요?

STERLING
스털링

One race? If you don't win at Florida, you'll retire?

딱 한 번? 플로리다에서 우승하지 못하면, 은퇴하겠는가?

MCQUEEN
맥퀸

Look, if I don't win I'll sell all the mudflaps ya got! **But if I do win**, I decide when I'm done. ❷ Deal?

봐요, 제가 우승을 못 하면 당신네 회사에 있는 흙받이 재고를 모두 다 팔아 줄게요! 하지만 제가 우승하면, 제 은퇴 시기는 제가 결정하는 거로 하죠. 계약체결?

STERLING
스털링

Deal.

체결.

MCQUEEN
맥퀸

Thank you, Mr. Sterling. **You won't be sorry!** ❸

고마워요. 스털링 씨. 후회하지 않을 거예요!

STERLING
스털링

Just one thing ❹ – and **this is only because** I don't like taking chances. ❺ You're taking someone with you.

한 가지만 – 이건 내가 요행을 바라는 걸 좋아하지 않기 때문에 하는 얘긴데. 누군가를 같이 데리고 가 줘야겠네.

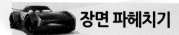

장면 파헤치기 구문 설명과 예문으로 이 장면의 핵심 표현을 완벽히 이해하세요.

❶ **What you're asking – it's too risky.** 글쎄, 자네가 요구하는 건 – 너무 위험부담이 크네.

What you're asking은 주어절로 '네가 요구하는 것'이라는 의미인데 같은 형식으로 비슷한 패턴들을 만들어서 연습하면 좋아요. 예를 들어, What you're saying '네가 말하는 것', What you're doing '네가 하고 있는 것' 이렇게 말이죠.

 * **What you're looking** for is not here. 네가 찾고 있는 것은 여기에 없어.
 * **What you're saying** is true. 네가 말하는 것은 사실이야.

❷ **But if I do win, I decide when I'm done.** 하지만 제가 우승하면, 제 은퇴 시기는 제가 결정하는 거로 하죠.

If I win은 '내가 이긴다면'이지만 If I do win이라고 하면 강조용법으로 '내가 혹시라도 정말 이기게 된다면'이라는 뜻이 되지요. if I do win을 쓰는 경우는 그 앞 문장에서 어떤 전제가 이미 설정된 경우입니다. 예를 들어, '내가 진다면 조용히 물러나겠다'라고 말한 후 '하지만 내가 정말 혹시라도 이긴다면'이라고 강조하며 말하는 경우에 쓰이는 것이지요.

★영화 속 패턴 읽기

❸ **You won't be sorry!** 후회하지 않을 거예요!

위의 문장은 상대방에게 어떤 제안을 한 후 그 제안을 받아들이게 되면 후회하지 않을 거라는 뜻으로 많이 쓰는 표현이에요. 위 문장에서는 '당신은 미안해하지 않을 거예요'라고 오역하지 마시고 '(당신의 선택에 대해서) 후회하지 않을 거예요'라고 해석해야 자연스럽답니다.

 * Do this. **You won't be sorry!** I promise. 이걸 하세요. 후회하지 않을 거예요! 약속해요.
 * If you let me stay, **you won't be sorry.** 날 머물게 해 주시면 후회하지 않을 거예요.

❹ **Just one thing.** 한 가지만.

'한 가지만' 기억해 달라고 하거나, '한 가지만' 얘기를 하겠다고 할 때 Just one thing이라고 말합니다. 문장으로 만들면 You need to remember just one thing. 이나 I will tell you just one thing. 인데 축약해서 짧게 표현한 것이지요.

 * **Just one thing** before you go. 네가 가기 전에 한마디만 할게.
 * **Just one thing.** Don't go outside at night. 한 가지만. 밤에는 밖에 나가지 마라.

❺ **This is only because I don't like taking chances.** 이건 내가 요행을 바라는 걸 좋아하지 않기 때문에 하는 얘기인데.

This is only because로 시작하는 문장은 '내가 이 말/행동을 하는 이유는 단지 ~때문이야'라고 해석이 됩니다. 상대방이 내가 왜 이런 말/행동을 하는지 이해해 주기를 바라며 변명하듯이 이야기하는 경우에 쓰이지요. 이 패턴과 함께 'Just because ~ doesn't mean ~', '단지 ~하다고 해서 그것이 ~을 뜻하지는 않아'라는 의미를 가진 이 패턴도 함께 공부해 주세요.

★영화 속 패턴 읽기

오늘 배운 장면에서 뽑은 핵심 패턴으로 다양한 표현을 만들어 보세요.

🎧 13-2.mp3

If I do + 동사 (강조용법)   만약 내가 (정말로) ~한다면,

Step 1 기본 패턴 연습하기

1 **If I do** get a roommate, it won't be you for sure. 혹시 내가 룸메이트를 구한다 해도, 넌 확실히 아니야.

2 **If I do** see him, that's only because you asked me to.
혹시라도 내가 그를 본다면, 그건 단지 네가 그렇게 부탁했기 때문이야.

3 **If I do** go, I'll let you know in advance. 혹시라도 가게 된다면, 미리 알려줄게.

4 I'm a pretty good singer, _____ so myself.
내가 노래를 좀 해, 스스로 이런 말을 하긴 좀 그렇지만.

5 I'll try to remember it. But _____, will you remind me?
기억하려고 애써볼게. 하지만, 혹시라도 잊어버리면 나한테 말해 주겠니?

Step 2 패턴 응용하기 | If + 주어 + do/does + 동사

1 **If she does** come, she would be more than welcomed. 그녀가 진짜로 온다면, 우린 대환영이지.

2 **If we do** win the prize, we'll be so happy. 혹시라도 우리가 상을 타게 된다면, 너무 기쁠 거야.

3 Let's wait until he calls us. And **if he does** call us, then we'll send the shipment.
그가 우리에게 전화할 때까지 기다리자. 그리고 실제로 그가 전화하면, 그때 소포를 보내자고.

4 _____ it, I'll give it to him. 댄이 정말 이걸 원한다면, 난 그에게 줄 거야.

5 _____, then you should beg for it. 이걸 정말 원한다면, 나한테 달라고 빌어야 해.

Step 3 실생활에 적용하기

A Have you ever considered going out with me?	A 혹시 나랑 사귀는 것에 대해 생각해 본 적 있니?
B No, never. 하지만 혹시라도 내가 너와 사귄다면, what would you do for me?	B 단 한 번도 없어. But if I do go out with you, 나를 위해서 뭘 해줄 건데?
A I would buy you the world if I could.	A 해줄 수만 있다면 온 세상을 다 사주고 싶어.

정답 Step 1 4 if I do say 5 if I do forget Step 2 4 If Dan does want 5 If you do want it

This is only because + 주어 + 동사   내가 이렇게 하는 것은 단지 ~하기 때문이야.

Step 1   기본 패턴 연습하기

1   **This is only because** I love you more than anything in the world.
이건 오로지 내가 널 세상 그 무엇보다 더 사랑하기 때문이야.

2   **This is only because** we are friends. 이건 단지 우리가 친구이기 때문이야.

3   **This is only because** it's your birthday. 이건 단지 오늘이 네 생일이기 때문이야.

4   --- in deep trouble. 이건 단지 네가 큰 곤경에 빠졌기 때문이야.

5   --- my granny asked me to help you.
이건 단지 우리 할머니가 널 도와주라고 했기 때문이야.

Step 2   패턴 응용하기 | Just because + 주어 + 동사 + doesn't mean + 주어 + 동사

1   **Just because** you are older **doesn't mean** you are better. 단지 나이가 더 많다고 더 나은 건 아니야.

2   **Just because** you want it **doesn't mean** you can have it.
단지 네가 가지고 싶다고 해서 가질 수 있는 건 아니야.

3   **Just because** she smiled at you **doesn't mean** she likes you.
단지 그녀가 너에게 미소를 지어 줬다고 해서 그녀가 널 좋아한다는 의미는 아니야.

4   -- it's not there.
단지 네가 볼 수 없다고 해서 존재하지 않는 것은 아니야.

5   --- I should. 단지 내가 할 수 있다고 해서 해야만 하는 것은 아니지.

Step 3   실생활에 적용하기

A   Can you give me a lift to school?

B   Yes. 하지만 이건 단지 나도 학교로 가는 길이었기 때문에 해 주는 거야.

A   You didn't have to say that. ·

A   나 학교까지 네 차로 태워다 줄 수 있니?

B   응. But this is only because I'm on my way to school too.

A   그런 말은 안 해도 되잖아.

정답   Step 1 4 This is only because you are 5 This is only because   Step 2 4 Just because you can't see it doesn't mean
5 Just because I can doesn't mean

A | 영화 속 대화를 완성해 보세요.

STERLING   I don't know. ❶_____ – it's too ❷_____.
글쎄. 자네가 요구하는 건 – 너무 위험부담이 크네.

MCQUEEN   C'monnnn. You like it, ❸_____. It's got that
little comeback story of the year feel to it, doesn't it?
아 정말 왜 이러세요. 당신도 맘에 드시잖아요. 딱 보니까 알겠는데요 뭐. 그 말씀 하신 올해의
재기 스토리인가 뭔가 하는 그런 느낌이 팍팍 오잖아요, 안 그래요?

STERLING   One race? ❹_____ at Florida, you'll
retire? 딱 한 번? 플로리다에서 우승하지 못하면, 은퇴하겠는가?

MCQUEEN   Look, if I don't win I'll sell all the mudflaps ya got!
But ❺_____, I decide when I'm done.
Deal? 봐요, 제가 우승을 못 하면 당신네 회사에 있는 흙받이 재고를 모두 다 팔아 줄게요!
하지만 제가 우승하면, 제 은퇴 시기는 제가 결정하는 거로 하죠. 계약체결?

STERLING   ❻_____. 체결.

MCQUEEN   Thank you, Mr. Sterling. ❼_____!
고마워요, 스털링 씨. 후회하지 않을 거예요!

STERLING   ❽_____ – and this is ❾_____.
I don't like ❿_____. You're taking
someone with you. 한 가지만 – 이건 내가 요청을 바라는 걸 좋아하지 않기
때문에 하는 얘긴데. 누군가를 같이 데리고 가 줘야겠네.

B | 다음 빈칸을 채워 문장을 완성해 보세요.

1 혹시라도 가게 된다면 미리 알려줄게.
_____, I'll let you know in advance.

2 댄이 정말 이걸 원한다면 난 그에게 줄 거야.
_____ it, I'll give it to him.

3 이건 단지 우리가 친구이기 때문이야.
_____ we are friends.

4 이건 단지 오늘이 네 생일이기 때문이야.
_____ your birthday.

5 단지 그녀가 너에게 미소를 지어 줬다고 해서 그녀가 널 좋아한다는 의미는 아니야.
_____ she smiled at you _____ she likes you.

Training on the Beach

해변 위에서의 훈련

스틸링의 요청으로 크루즈와 함께 훈련하게 된 맥퀸은 이제 시뮬레이터에서 벗어나 고전적인classic 방식으로 극기훈련boot camp 하듯이 모래 위의 훈련을 선택합니다. 맥퀸이 아름다운 해변으로 나와 바닷바람을a sea breeze 맞으며 신나게 모래 위를 달리는군요. 그런데 시뮬레이터 훈련 이외의 트레이닝은 해 본 적이 없는have no experience with 크루즈는 어디서부터 뭘 어떻게 시작해야 할지 감이 잡히지 않네요have no idea whatsoever. 이곳에서는 오히려 경험이 많은 맥퀸의 뜻을 따라야만 할 것 같군요.

Warm Up! 오늘 배울 표현   오늘 등장하는 표현들입니다. 어떤 표현이 들어가야 할지 생각해 보세요.

* Did you _____ that?! 그거 스스로 생각해 내신 건가요?!

* _____! 제자리에! 준비! 땅!

* _____! 바로 이거라고!

* _____ Hamilton?! 해밀턴은 어떨까요?!

* You do have a phone, _____? 폰은 있죠, 없나요?

MCQUEEN
맥퀸

Alright. Quicker than quick, faster than fast, I am speed...
좋았어. 신속한 것보다 더 신속하게, 빠른 것보다 더 빠르게. 나는 스피드…

CRUZ
크루즈

That is great self-motivation – did you **come up with** that?!❶
자가동기부여 방식이 아주 좋은데요 – 그거 스스로 생각해 내신 건가요?!

MCQUEEN
맥퀸

Yeah I did.
당연하죠.

LUIGI
루이지

On your mark! Get set! Gooooo!❷
제자리에! 준비! 땅!

MCQUEEN
맥퀸

Wooohooo! **There ya go!**❸ Felt good! Hey?! What was my speed?
우후! 바로 이거라고! 완전 좋아! 이봐요?! 속도가 어떻게 나왔나요?

CRUZ
크루즈

I don't know. I can only track you on the treadmill!
모르겠어요. 저는 러닝머신에서만 속도를 잴 수 있어요!

MCQUEEN
맥퀸

NO treadmills...
아니 이런 러닝머신이라니…

CRUZ
크루즈

Oh! **What about** Hamilton?!❹
오! 해밀턴은 어떨까요?!

HAMILTON
해밀턴

Hamilton here.
해밀턴 여기 있어요.

MCQUEEN
맥퀸

Who's Hamilton?
해밀턴이 누구죠?

CRUZ
크루즈

My electronic personal assistant – you know, like on your phone.
You do have a phone, **don't you?**❺
제 전자 개인 비서 – 폰에 있는 것 같은. 폰은 있죠, 없나요?

MCQUEEN
맥퀸

Racecars don't have phones, Cruz.
경주용 차에는 폰은 없어요, 크루즈.

CRUZ
크루즈

Hamilton, track Mr. McQueen's speed and report it.
해밀턴, 맥퀸 씨의 속도를 재서 알려줘.

장면 파헤치기 구문 설명과 예문으로 이 장면의 핵심 표현을 완벽히 이해하세요.

❶ Did you come up with that?! 그거 스스로 생각해 내신 건가요?!

Come up with something은 '(새로운 아이디어 등을) 착안해내다/생각해내다/떠올리다'의 뜻으로 Think of something과 더불어 가장 많이 쓰는 표현 중의 하나지요. 이 표현은 아이디어뿐만 아니라 어떤 해답이나 돈 등을 '찾아내다/마련하다/내놓다'라는 뜻으로도 쓰입니다. ★영화 속 패턴 익히기

❷ On your mark! Get set! Go! 제자리에! 준비! 출발(땅)!

육상경주나 자동차 경주를 할 때 출발선에서 심판이 출발신호를 주기 위해 외치는 구호입니다. 우리 말로 '제자리에, 준비, (그리고 총소리 '땅') 출발!'인데 영어로 할 때는 위에서와 같이 On your mark(s)! Get set! Go! 라고 하지요.

* Alright, guys. **On your mark, get set, go!** 자, 얘들아. 제자리에, 준비, 출발!
* Runners **on your mark, get set, go!** 주자들 모두 제자리에, 준비, 출발!

❸ There ya go! 바로 이거라고!

상대방이 뭔가를 내가 원하는 방향으로 잘했을 때 '잘했어! 바로 그거야!'라고 칭찬하며 외치는 표현이에요. 대본에는 Way to go!라는 표현도 나오는데 이것도 비슷한 상황에서 같은 맥락으로 쓸 수 있는 표현이랍니다. 참고로, ya는 you를 비격식적으로 표기한 것이고요.

* **There you go!** That's what I'm talking about. 바로 그거야! 내가 말한 게 바로 그거라고.
* **There you go!** I knew you could do it. 잘했어! 난 네가 할 수 있을 줄 알았다고.

❹ What about Hamilton?! 해밀턴은 어떨까요?!

제안을 나타내는 뜻으로 '~는 어때?'라고 할 때 what about을 쓰는데 이 표현은 how about과 같은 상황에서 쓸 수 있어서 많이들 헷갈려 하지요. 두 표현을 혼용해서 써도 되지만, 상대방에게 무엇인가를 부탁하거나 달라고 요청하는 경우에는 how about만이 가능합니다. 예를 들어, How about offering me something to drink? '마실 것 좀 주시겠어요?'와 같은 경우죠. 반면, '그러면 이건 어떻게 처리해야 하죠?'라는 질문할 때는 what about만을 씁니다. What about people who are not on the list? '목록에 없는 사람들은 어떻게 하죠?' 이런 경우에 말이죠. ★영화 속 패턴 익히기

❺ You do have a phone, don't you? 폰은 있죠, 없나요?

부가의문문 don't you?의 활용법을 연습해 보세요. 앞부분에서 일반동사나 do가 주동사로 쓰였고 긍정의 형식으로 쓰였을 경우, 부가의문문은 don't you?가 되고, 앞부분이 부정형이면 이와는 반대로 부가의문문이 긍정형이 되면서 do you?가 되는 것이죠.

* You want to meet him in person, **don't you?** 너 그와 직접 만나고 싶은 거지, 안 그래?
* You don't like me, **do you?** 너 나 안 좋아하지, 그지?

14-2.mp3

come up with + something

~을 생각해 내다/착안해 내다.

Step 1 기본 패턴 연습하기

1 You need to **come up with** something better than that. 그것보다는 더 좋은 것을 생각해 내야 해.

2 I'll **come up with** something new. 뭔가 새로운 것을 생각해 낼게요.

3 Let's **come up with** something more creative. 뭔가 더 창의적인 것을 생각해 내자고.

4 It's not ＿＿＿＿＿＿＿＿＿＿ a good title for the book. 이 책 제목을 짓기가 쉽지 않다.

5 Help me ＿＿＿＿＿＿＿＿＿＿ for business. 장사할 만한 아이디어를 떠올릴 수 있게 도와줘요.

Step 2 패턴 응용하기 Did + 주어 + come up with + something

1 Did he **come up with** anything good? 그가 뭔가 좋은 걸 생각해 냈나?

2 Did Jenny **come up with** this idea? 제니가 이 아이디어를 생각해 낸 거야?

3 Did they **come up with** the name? 그들이 이 이름을 생각해 낸 거야?

4 Did you ＿＿＿＿＿＿＿＿＿＿ yourself? 네가 직접 그걸 생각해 낸 거니?

5 Did your daughter ＿＿＿＿＿＿＿＿＿＿ a melody? 네 딸이 이런 멜로디를 만든 거야?

Step 3 실생활에 적용하기

A 어떻게 그렇게 기발한 생각을 해낸 거지?

B Well, it wasn't all that difficult. I'm always full of ideas.

A 정말 샘난다.

A How did you come up with such a brilliant idea?

B 뭐, 그리 어렵지 않았어. 난 항상 아이디어가 넘치거든.

A I'm so jealous of you.

정답 Step 1 4 easy to come up with 5 come up with an idea Step 2 4 come up with that 5 come up with such

What about ~

~는 어떨까/어떻니/어쩌고?

Step 1 기본 패턴 연습하기

1 You'll come tomorrow? **What about** today? 내일 올 거라고? 오늘은 어때?

2 Everyone got their paycheck yesterday. **What about** me? 모두 어제 급여를 받았어요. 그런데 제거는요?

3 Everyone else is coming. **What about** you? 다른 사람들은 다들 온다던데. 넌 어떻게 할 거니?

4 I can take this one? _____ the others? 이건 가져가도 된다고요? 다른 것들은요?

5 _____ who can't afford a smartphone?
스마트폰 살 돈도 없는 사람들은 어떻게 하나요?

Step 2 패턴 응용하기 | How about ~

1 I like basketball. **How about** you? 난 농구가 좋아. 넌?

2 **How about** meeting next week? 다음 주에 만나면 어떨까요?

3 **How about** going for a walk? 산책할까요?

4 _____ calling it a day? 오늘은 여기까지 할까요?

5 _____ her something to drink? 그녀에게 음료를 권하는 건 어떨까?

Step 3 실생활에 적용하기

A I pick Brian, Alex, and Luke.

B 야, 그럼 나는?

A I'm sorry. We don't have enough room for everyone.

A 난 브라이언, 알렉스, 루크 선택할게.

B Hey, what about me?

A 미안. 자리가 모자라서 말이야.

정답 Step 1 4 What about 5 What about people Step 2 4 How about 5 How about offering

A | 영화 속 대화를 완성해 보세요.

MCQUEEN Alright. Quicker than quick, faster than fast, I am speed... 좋았어. 신속한 것보다 더 신속하게, 빠른 것보다 더 빠르게, 나는 스피드…

CRUZ That is great ❶ _____ – did you ❷ _____ that?! 자가동기부여 방식이 아주 좋은데요 – 그거 스스로 생각해 내신 건가요?!

MCQUEEN Yeah I did. 당연하죠.

LUIGI ❸ _____ ! 제자리에! 준비! 땅!

MCQUEEN Wooohooo! ❹ _____ ! Felt good! Hey?! What was ❺ _____ ? 우후! 바로 이거라고! 완전 좋아! 이봐요?! 속도가 어떻게 나왔나요?

CRUZ I don't know. I ❻ _____ you on the treadmill! 모르겠어요. 저는 러닝머신에서만 속도를 잴 수 있어요!

MCQUEEN NO treadmills... 아니 이런 러닝머신이라니…

CRUZ Oh! ❼ _____ Hamilton?! 오! 해밀턴은 어떨까요?!

HAMILTON Hamilton here. 해밀턴 여기 있어요.

MCQUEEN Who's Hamilton? 해밀턴이 누구죠?

CRUZ My electronic personal assistant – you know, like on your phone. You do have a phone, ❽ _____ ? 제 전자 개인 비서 – 폰에 있는 것 같은. 폰은 있죠, 없나요?

MCQUEEN Racecars don't have phones, Cruz. 경주용 차에는 폰은 없어요, 크루즈.

CRUZ Hamilton, track Mr. McQueen's ❾ _____ and ❿ _____ it. 해밀턴, 맥퀸 씨의 속도를 재서 알려줘.

B | 다음 빈칸을 채워 문장을 완성해 보세요.

1 그것보다는 더 좋은 것을 생각해 내야 해.
You need to _____ something better than that.

2 뭔가 더 창의적인 것을 생각해 내자고.
Let's _____ more creative.

3 네가 직접 그걸 생각해 낸 거니?
Did you _____ yourself?

4 다른 사람들은 다들 온다던데. 넌 어떻게 할 거니?
Everyone else is coming. _____ you?

5 오늘은 여기까지 할까요?
_____ calling it a day?

A Cute Crab

귀여운 게

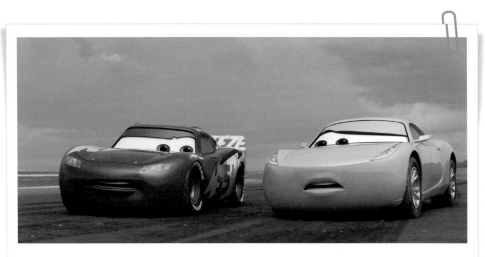

바닷가에서 맥퀸과 크루즈는 함께 모래 위를 달리면서 훈련을 시작합니다. 그런데 크루즈가 일반 평지에서처럼 운전하려고 하니 바퀴가 앞으로 나아가지 못하고 빙빙 돌며^{swirl} 모래 속으로 점점 빠져들게 되어^{get stuck in} 맥퀸이 구해주며 모래 위에서 달리는 방법을 설명해주네요. 다시 달리려고 하는데 이번엔 크루즈가 귀여운 게를^{a cute crab} 밟고^{step on} 지나가기 싫다며 망설입니다^{hesitate}. 맥퀸이 그러는 크루즈의 모습이 어이가 없기도 하고 귀엽기도 해서 어린애 대하듯 그녀를 놀리네요^{patronize}. 이제 모래 위의 훈련을 잘 마치고 맥퀸은 플로리다 대회에서 우승할 수 있을까요?

Warm Up! 오늘 배울 표현   오늘 등장하는 표현들입니다. 어떤 표현이 들어가야 할지 생각해 보세요.

* _____?! 또 뭐죠?!

* _____! 아 정말 장난하나!

* _____ to try this before it gets dark.   이제 어두워지기 전에 시도할 수 있는 마지막 기회예요.

* Now, you're gonna _____ slow to let your tires grab.
  이제, 타이어가 바닥에 착 감기며 나갈 수 있도록 천천히 출발해야 해요.

* And pick a straight line on hard sand _____ you don't spin out.
  그리고 딱딱한 모래 위로 한 선을 선택해야 해요. 그래야 옆으로 튀어 나가지 않을 테니까.

MCQUEEN
맥퀸

Now what?!❶
또 뭐죠?!

CRUZ
크루즈

I didn't want to hit a crab.
게를 치고 싶진 않았다고요.

MCQUEEN
맥퀸

You gotta be kidding me!❷
아 정말 장난하나!

CRUZ
크루즈

What? It was cute.
왜요? 귀여운 게였단 말이에요.

MCQUEEN

맥퀸

Aiiiigh!! All right. **One last chance** to try this before it gets dark.❸
Now...you're gonna **take off** slow to let your tires grab...❹
아이 진짜!! 자. 이제 어두워지기 전에 시도할 수 있는 마지막 기회예요. 이제… 타이어가 바닥에 착 감기며 나갈 수 있도록
천천히 출발해야 해요.

CRUZ
크루즈

Yes.
네.

MCQUEEN
맥퀸

And pick a straight line on hard sand **so** you don't spin out.❺
그리고 딱딱한 모래 위로 한 선을 선택해야 해요. 그래야 옆으로 튀어 나가지 않을 테니까.

CRUZ
크루즈

Uh huh.
알겠어요.

MCQUEEN
맥퀸

And ALL of the crabbies have gone nite nite...
그리고 귀여운 게 친구들은 모두 잠자러 들어갔어요.

CRUZ
크루즈

Mr. McQueen...
맥퀸 씨…

MCQUEEN
맥퀸

Alright. Let's go again.
좋아요. 그럼 다시 한 번 가 봅시다.

LUIGI
루이지

And Go!
자 출발!

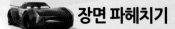

장면 파헤치기 구문 설명과 예문으로 이 장면의 핵심 표현을 완벽히 이해하세요.

① Now what? 또 뭐죠?

상대방이 자꾸 질문하거나 끼어드는 경우 짜증스러움을 나타내며 '이번엔 또 뭐야?'라는 의미나 어떤 일이나 단계가 완료되었을 때 '그럼 이젠 뭘 해야 하는 거지 / 어떻게 되는 거지?'라는 의미로 쓰는 표현이에요.

* I ran into the room and looked at Ted. "**Now what?**" asked Ted.
  난 방으로 뛰어들어가서 테드를 쳐다봤다. "또 뭐야?"라고 테드가 물었다.
* You have graduated from college. **Now what?** 너 이제 대학을 졸업했구나. 이젠 어쩔 거니?

② You gotta be kidding me! 아 정말 장난하나!

상대방이 말도 안 되는 말이나 행동을 하거나 믿기지 않는 상황이 벌어졌을 때 '지금 장난하나!', '아니 어찌 이런 말도 안 되는 일이!'라는 뜻과 뉘앙스로 하는 표현이에요. Give me a break!이나 Get out of here!과 같은 표현도 비슷한 상황에서 쓸 수 있으니 같이 알아두시면 좋아요.

* **You gotta be kidding me!** He did what? 아니 지금 무슨 장난하나! 그가 뭘 했다고?
* **You gotta be kidding me!** That can't be real! 지금 장난하나! 그게 진짜일 리가 없어!

③ One last chance to try this before it gets dark. 이제 어두워지기 전에 시도할 수 있는 마지막 기회예요.

'~을 할 수 있는 마지막 기회'를 one last chance라고 표현합니다. 앞에 인격대명사 소유격을 넣어서 My / your / his / her one last chance로 표현할 수도 있답니다. This is를 넣어 This is (one's) one last chance~ 패턴으로 연습해 볼게요. ★영화 속 패턴 익히기

④ Now, you're gonna take off slow to let your tires grab. 이제, 타이어가 바닥에 착 감기며 나갈 수 있도록 천천히 출발해야 해요.

Take off는 '이륙하다/떠오르다/날아오르다'라는 기본 의미 외에도 '출발하다/가다/떠나다'의 의미로도 많이 쓰입니다. 때때로 business가 take off 한다는 표현도 쓰는데 그 경우에는 사업이 '잘되다'의 의미로 '(아이디어나 상품 등이) 급격히 인기를 얻다/유행하다'라는 뜻으로 쓰인 것이랍니다.

* I have to **take off.** 나 이제 가봐야 해.
* The new book has really **taken off.** 새로 나온 책이 완전 대박 났어.

⑤ And pick a straight line on hard sand so you don't spin out. 그리고 딱딱한 모래 위로 한 선을 선택해야 해요. 그래야 옆으로 튀어 나가지 않을 테니까.

조언이나 제안을 하면서 '~을 (이렇게) 해라 그래서 ~할 수 있도록/하지 않을 수 있도록' 또는 '~을 해라 그래야 ~할 테니/하지 않을 테니'라는 흐름으로 쓸 수 있는 패턴은 〈명령문 + so (that) + 평서문〉입니다. ★영화 속 패턴 익히기

🎧 15-2.mp3

This is (one's) one last chance to + 동사 ~을 할 수 있는 마지막 기회이다.

Step 1 기본 패턴 연습하기

1 **This is one last chance to** ask any questions before you leave.
네가 나가기 전에 어떤 질문이든 할 수 있는 마지막 기회이다.

2 **This is your one last chance to** run away. 지금이 네가 도망갈 수 있는 마지막 기회야.

3 **This is my one last chance to** tell her that I love her. 그녀에게 사랑을 고백할 수 있는 내 마지막 기회야.

4 _____ visit him while he's still alive.
그의 살아생전에 만나볼 수 있는 마지막 기회야.

5 _____ something. 뭔가를 할 수 있는 우리의 마지막 기회야.

Step 2 패턴 응용하기 주어 + 조동사 + 동사 + something + for one last time

1 We are going to try this **for one last time**. 우린 마지막으로 한 번만 더 해 볼 거야.

2 I'm posting this **for one last time**. 이게 이제 내 마지막 포스팅이야.

3 Eva wants to see him **for one last time**. 에바가 마지막으로 한 번만 더 그를 만나고 싶어 해.

4 I want to talk to Hank _____. 마지막으로 한 번만 행크와 이야기하고 싶어.

5 They said goodbye to _____. 그들은 서로 마지막으로 작별인사를 했다.

Step 3 실생활에 적용하기

A 라이언과 마지막으로 한 번만 더 보고 싶어.	A I want to see Ryan for one last time.
B What do you mean? Ryan's not going anywhere.	B 무슨 소리야? 라이언은 어디 안 가.
A 내가 다음 주에 시카고로 이사 간단다.	A I'm moving to Chicago next week.

정답 Step 1 4 This is one last chance to 5 This is our one last chance to do Step 2 4 for one last time 5 each other for one
last time

94

명령문 + so (that) + 평서문 ~해라 그래서 ~하도록/~하지 않도록 (그래야 ~할 테니/하지 않을 테니)

Step 1 기본 패턴 연습하기

1 Take this picture with you **so that** you won't forget me. 이 사진 가져가라, 그래서 네가 날 잊지 않도록.

2 Get some sleep **so** you can clear your head. 잠 좀 자라, 그래서 정신이 좀 맑아지게.

3 Turn off the light **so that** we can go to sleep. 불 꺼라, 그래야 우리가 잠을 잘 수 있어.

4 Call me before 11 _____ don't have to stay up late.
11시 전에 전화해, 그래야 내가 늦게까지 깨어있지 않을 테니.

5 Tell her now _____ regret not doing it for the rest of your life.
그녀에게 지금 말해라 그래야 남은 평생 후회하며 살지 않을 테니.

Step 2 패턴 응용하기 | 평서문 + so (that) + 평서문

1 I went to bed early last night **so that** I wouldn't be late to work.
어젯밤에 잠을 일찍 잤어, 그래야 출근 시간에 늦지 않을 것 같아서.

2 Chris studied hard for the exam **so that** he could get an A.
크리스가 시험공부를 열심히 했어, A 학점을 받을 수 있도록 말이야.

3 I'm saving money now **so** I will have a better future. 지금 돈을 저축하고 있지, 더 밝은 미래를 위해.

4 She locked her comments _____ they can't be edited by others.
그녀가 자신의 댓글에 잠금 설정을 했어, 다른 사람들이 고치지 못하도록.

5 I set the price high enough _____ make a profit.
가격을 충분히 높게 책정했어, 그래야 이윤을 남길 수 있을 테니까.

Step 3 실생활에 적용하기

A 항상 최선을 다해라 그래야 성공할 수 있을 테니.	A Always try your best so that you can succeed.
B I don't care about being successful.	B 난 성공 따위엔 관심 없는데.
A 넌 좀 특이해.	A You are different.

정답 Step 1 4 so that | 5 so you won't Step 2 4 so that 5 so that I can

A | 영화 속 대화를 완성해 보세요.

MCQUEEN   ❶ _____?! 또 뭐죠?!

CRUZ   I didn't want to ❷ _____. 게를 치고 싶진 않았다고요.

MCQUEEN   ❸ _____! 아 정말 장난하나!

CRUZ   What? It was ❹ _____. 왜요? 귀여운 게였단 말이에요.

MCQUEEN   Aiiiigh!! All right. ❺ _____ to try this before ❻ _____. Now...you're gonna ❼ _____ slow to let your tires grab...

아이 진짜!! 자. 이제 어두워지기 전에 시도할 수 있는 마지막 기회예요. 이제… 타이어가 바닥에 착 감기며 나갈 수 있도록 천천히 출발해야 해요.

CRUZ   Yes. 네.

MCQUEEN   And pick a straight line on hard sand ❽ _____ you don't ❾ _____.

그리고 딱딱한 모래 위로 한 선을 선택해야 해요. 그래야 옆으로 튀어 나가지 않을 테니까.

CRUZ   Uh huh. 알겠어요.

MCQUEEN   And ALL of the crabbies ❿ _____ nite nite...

그리고 귀여운 게 친구들은 모두 잠자러 들어갔어요.

CRUZ   Mr. McQueen... 맥퀸 씨…

MCQUEEN   Alright. Let's go again. 좋아요. 그럼 다시 한 번 가 봅시다.

LUIGI   And Go! 자 출발!

B | 다음 빈칸을 채워 문장을 완성해 보세요.

1. 그녀에게 사랑을 고백할 수 있는 내 마지막 기회야.
_____ tell her that I love her.

2. 뭔가를 할 수 있는 우리의 마지막 기회야.
_____ something.

3. 에바가 마지막으로 한 번만 더 그를 만나고 싶어 해.
Eva wants to see him _____.

4. 잠 좀 자라 그래서 정신이 좀 맑아지게.
Get some sleep _____ clear your head.

5. 지금 돈을 저축하고 있지 더 밝은 미래를 위해.
I'm saving money now _____ have a better future.

Demolition Derby
데몰리션 더비

모래 위에서의 훈련이 실력향상에 큰 도움이 되지 않는 것 같아 답답함을^{frustration} 느끼던 맥퀸은 옆
마을에서 비포장도로로^{a dirt road/track} 레이싱이 열리는 것을 알게 되고, 연습 삼아 그 대회에 참석하려고
합니다. 그런데 알고 보니 그 대회는 스피드를 겨루는 레이싱 대회가 아닌 서로를 과격하게
파괴하는^{demolish} 데몰리션 더비^{Demolition Derby}였네요. 뭔가 잘못된 것을 알아차린 맥퀸은 크루즈와 함께
그곳을 몰래 빠져나오려고^{slip out} 하는데, 이 대회의 철칙이 '들어올 땐 마음대로 들어와도 나갈 때는
마음대로 못 나간다'^{once you are in, you can never get out}라는 군요. 이거 정말 곤란하게 됐어요.

Warm Up! 오늘 배울 표현   오늘 등장하는 표현들입니다. 어떤 표현이 들어가야 할지 생각해 보세요.

* Cruz, _____ I thought it was. 크루즈, 내가 생각했던 그런 게 아닌데요.

* Follow me and we'll _____. 날 따라와요. 우리 몰래 빠져나가야 해요.

* _____. 규칙 하나.

* _____. 마지막까지 쓰러지지 않고 서 있는 차가 우승한다.

* And _____ the undefeated Crazy Eight champion, the Diva of Demolition,
  Miss Fritter!!!! 자 이제 단 한 번도 패한 적이 없는 크레이지 8의 챔피언, 파괴의 여왕, 미스 프리터가 나가십니다. 길을 비켜 주세요!!!!

MCQUEEN 맥퀸	Cruz, **this isn't what** I thought it was[1] – come on - follow me and we'll **slip out**.[2] 크루즈, 내가 생각했던 그런 게 아닌데요. 자 어서 – 날 따라와요. 우리 몰래 빠져나가야 해요.
ROSCOE 로스코	**Rule number one.**[3] The gate closes? You race. 규칙 하나. 문이 잠긴다? 넌 레이스를 한다.
CRUZ 크루즈	Wait! No, no, no! I'm not a racer! 잠깬! 아냐, 아냐, 안돼요! 난 레이서가 아니에요!
ROSCOE 로스코	Rule number two. **Last car standing wins.**[4] And rule number three. No cursing, it's Family Night! 규칙 둘. 마지막까지 쓰러지지 않고 서 있는 차가 우승한다. 그리고 규칙 셋. 욕하기 없기, 오늘 밤은 가족과 함께하는 밤이야!
MCQUEEN 맥퀸	Excuse me sir... 저기요 실례지만…
CRUZ 크루즈	Wait! No! I'm just a trainer! 잠시만! 아녜요! 전 그냥 트레이너라고요!
SUPERFLY 슈퍼파리	Wooooooooooo! Ha, haaa! 우우! 하, 하아!
MCQUEEN 맥퀸	Ah! 아!
PUSHOVER 푸시오버	(laugh) (웃는다)
TRACK P-A ANNOUNCER (V.O.) 장내 아나운서 (목소리만)	And **make way for** the undefeated Crazy Eight champion, the Diva of Demolition, Miss Fritter!!!![5] 자 이제 단 한 번도 패한 적이 없는 크레이지 8의 챔피언. 파괴의 여왕, 미스 프리터가 나가십니다. 길을 비켜 주세요!!!!
MCQUEEN 맥퀸	Ah! 아!

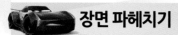

❶ **Cruz, this isn't what I thought it was.** 크루즈, 내가 생각했던 그런 게 아닌데요.

〈This isn't what + 주어 + 동사〉는 '이건 ~이 아니다'는 의미로 활용할 수 있는 패턴이에요. 예를 들어, This isn't what I want. '이건 내가 원하는 것이 아니다'와 같이 뒤에 현재형 동사가 따라오는 문장을 만들 수도 있고 This isn't what I wanted. '이건 내가 원했던 것이 아니다'와 같이 과거 동사가 따라올 수도 있는데 여기에서는 과거 동사로 연습해 볼게요.

★ 영화 속 패턴 익히기

❷ **Follow me and we'll slip out.** 날 따라와요, 우리 몰래 빠져나가야 해요.

Slip은 '미끄러지다, 미끄러지듯 들어가다/나오다'의 의미로 쓰이는 동사예요. slip out은 몰래 미끄러지듯 빠져나간다는 뜻이죠. 참고로 a slip of the tongue이라는 표현이 있는데 이것은 '실언, 말실수'라는 뜻이랍니다. 나도 모르게 혀에서 말이 미끄러지듯 나와버렸다는 것이지요. slip out 역시 말실수를 했다는 의미로도 쓸 수 있답니다.

 * I'm sorry. It just **slipped out**. 미안해. 그냥 나도 모르게 그 말이 튀어나왔어.
 * I managed to **slip out** of the room without anyone noticing. 아무도 모르게 방에서 살짝 빠져나올 수 있었어.

❸ **Rule number one.** 규칙 하나.

규칙 하나, 규칙 둘, 규칙 셋, 이런 식으로 규칙을 쭉 열거하며 읊을 때 쓰는 표현이에요. 단어의 순서에 주의하셔야 해요. Rule number one/two/three! 이렇게 rule부터 시작해야 한답니다. 한편, 여러 가지 규칙 중에서 가장 중요한 룰이라고 강조해서 말할 때는 순서를 바꿔서 umber one rule이라고 해요. 예를 들어, It's the number one rule. '이것이 가장 중요한 규칙이야' 이렇게요.

 * **Rule number one.** Never trust anyone. 규칙 하나. 아무도 믿지 말아라.
 * **Rule number two.** Always be on time. 규칙 둘. 항상 시간을 준수해라.

❹ **Last car standing wins.** 마지막까지 쓰러지지 않고 서 있는 차가 우승한다.

여러 명이 모여서 게임할 때 게임 규칙을 설명하면서 '~하는 사람이 이긴다/우승이다'라고 할 때 문장의 끝에 wins를 붙입니다. 예를 들어, Whoever comes in first wins. '(누구든 간에 상관없이) 먼저 들어오는 사람이 이긴다' 이렇게 말이에요.

 * **Whoever tells the best story wins.** 가장 재미있는 이야기를 하는 사람이 이기는 거야.
 * **The last one standing wins.** 마지막까지 서 있는 사람이 승자다.

❺ **And make way for the undefeated Crazy Eight champion, the Diva of Demolition, Miss Fritter!!!!** 자 이제 단 한 번도 패한 적이 없는 크레이지 8의 챔피언, 파괴의 여왕, 미스 프리터가 나가십니다. 길을 비켜 주세요!!!!

make way for는 '~가 들어갈 수/지나갈 수 있게 자리를 만들어 주다 혹은 길을 터주다'라는 의미로 앞서 나왔던 Coming through! '지나갑니다, 비켜주세요!'와 비슷한 표현이에요. 여기에서는 이 표현을 활용해서 패턴 연습을 해 볼게요.

★ 영화 속 패턴 익히기

영화 속 패턴 익히기 오늘 배운 장면에서 뽑은 핵심 패턴으로 다양한 표현을 만들어 보세요.

🎧 16-2.mp3

This isn't what I + 조동사/동사

이건 내가 ~한 게 아니야.

Step 1 기본 패턴 연습하기

1 **This isn't what I** wanted to do. 이건 내가 하고 싶었던 게 아니야.

2 **This isn't what I** had in mind. 이건 내가 생각했던 게 아니야.

3 **This isn't what I** expected. 이건 내가 기대했던 게 아니야.

4 _____ to do. 이건 내가 의도했던 게 아니야.

5 _____ I was going to be doing. 내가 하게 될 것으로 생각했던 것은 이게 아니야.

Step 2 패턴 응용하기 | This isn't what + 주어 + 조동사/동사

1 **This isn't what** we came here for. 우린 이것 때문에 여기에 온 게 아니야.

2 **This isn't what** she wants. 이건 그녀가 원하는 게 아니야.

3 **This isn't what** they told me it would be like. 이건 그들이 나에게 얘기해 준 것이 아니잖아.

4 _____ looking for. 내가 찾고 있는 것은 이게 아니야.

5 _____ died for. 그가 죽음을 불사했던 것은 이게 아니야.

Step 3 실생활에 적용하기

A 이건 내가 요청했던 게 아니에요.

B Oh, this isn't?

A 환불해 주세요.

A This isn't what I asked for.

B 오, 아닌가요?

A I want a refund.

정답 Step 1 4 This isn't what I intended 5 This isn't what I thought Step 2 4 This isn't what I'm 5 This isn't what he

100

🎧 16-3.mp3

Make way for + 명사

~가 나가신다. 길을 비켜라.

1 **Make way for** the champions! 챔피언들 나가신다. 길을 비켜라!

2 **Make way for** ducklings! 새끼오리들이 지나가요. 길을 비켜주세요!

3 **Make way for** a bull! 황소가 지나가요. 길을 비켜주세요!

4 .... the queen's guard! 여왕님의 근위대가 지나갑니다. 길을 비켜주세요!

5 .... of China! 중국의 영웅들이 나가신다. 길을 비켜라!

1 The cars moved to the shoulders **to make way for** a fire truck.
소방차가 지나갈 수 있도록 차들이 갓길로 옮겨 섰어.

2 They were asked **to make way for** the bride and groom.
그들은 신부와 신랑이 지나갈 수 있도록 길을 비켜달라고 요청받았다.

3 Five houses were demolished **to make way for** a new road.
새로운 길을 내기 위해 집 다섯 채를 허물었네.

4 We had to step aside .... the procession.
행렬이 지나갈 수 있도록 우리는 옆으로 물러서야 했어.

5 He has stepped down .... CEO, Ben Jensen.
새 회장 벤 젠슨을 위한 자리를 내주기 위해 그가 자리에서 물러났어.

A 퍼레이드를 위해 길을 비켜주세요.	A Make way for the parade.
B What kind of parade is it?	B 무슨 퍼레이드인데요?
A 호박 퍼레이드예요.	A It's a parade of pumpkins.

정답 Step 1 **4** Make way for **5** Make way for the heroes Step 2 **4** to make way for **5** to make way for new

A | 영화 속 대화를 완성해 보세요.

MCQUEEN Cruz, ❶........................ I thought it was – come on - follow me and we'll ❷........................
크루즈, 내가 생각했던 그런 게 아닌데요. 자 어서 – 날 따라와요, 우리 몰래 빠져나가야 해요.

ROSCOE ❸........................ . The gate closes?
❹........................ . 규칙 하나. 문이 잠긴다? 넌 레이스를 한다.

CRUZ Wait! No, no, no! I'm not a racer!
잠깬 아냐, 아냐, 안돼요! 난 레이서가 아니에요!

ROSCOE Rule number two. ❺........................ standing ❻........................ . And rule number three. No cursing, it's Family Night! 규칙 둘. 마지막까지 쓰러지지 않고 서 있는 차가 우승한다. 그리고 규칙 셋. 욕하기 없기, 오늘 밤은 가족과 함께하는 밤이야!

MCQUEEN Excuse me sir... 저기요 실례지만…

CRUZ Wait! No! I'm ❼........................!
잠시만! 아네요! 전 그냥 트레이너라고요!

SUPERFLY Wooooooooooo! Ha, haaa! 우우! 하, 하아!

MCQUEEN Ah! 아!

PUSHOVER (laugh) (웃는다)

TRACK P-A ANNOUNCER (V.O.) And ❽........................ the undefeated Crazy Eight champion, the Diva of Demolition, Miss Fritter!!!! 자 이제 단 한 번도 패한 적이 없는 크레이지 8의 챔피언, 파괴의 여왕, 미스 프리터가 나가십니다. 길을 비켜 주세요!!!!

MCQUEEN Ah! 아!

B | 다음 빈칸을 채워 문장을 완성해 보세요.

1 이건 내가 기대했던 게 아니야.

.... expected.

2 이건 내가 의도했던 게 아니야.

.... to do.

3 이건 그녀가 원하는 게 아니야.

.... wants.

4 중국의 영웅들이 나가신다, 길을 비켜라.

.... of China!

5 행렬이 지나갈 수 있도록 우리는 옆으로 물러서야 했어.

We had to step aside .... the procession.

The Wrath of Miss Fritter

미스 프리터의 노여움

데몰리션 더비^{Demolition Derby} '크레이지 8'^{Crazy Eight}에 참여하게 된 맥퀸과 크루즈는 결국^{eventually} 몰래 빠져나가는데 실패하고 꼼짝없이 대회의 일원으로 경쟁을^{compete} 하게 되는군요. 서로 치고 뜯기는 차들 가운데에서 이리 치이고 저리 치이고 아무런 경황이 없는 가운데 이 대회의 단골 챔피언 미스 프리터의 공격을 받게 됐어요. 정말 이젠 끝장인 거죠. 그런데 어찌 된 영문인지 참으로 어이없게도^{ridiculously} 미스 프리터가 쓰러지고^{collapse} 크루즈가 이 대회에서 우승을 차지하고 마네요. 당황스럽고 이상한^{puzzling and weird} 결말이에요.

Warm Up! 오늘 배출 표현   오늘 등장하는 표현들입니다. 어떤 표현이 들어가야 할지 생각해 보세요.

* Lightning, _____. 라이트닝, 계속해.

* Miss Fritter is _____ get upright, folks. 미스 프리터가 똑바로 일어서려고 하고 있습니다.

* She is _____ ! 그녀는 지금 기분이 매우 언짢습니다!

* _____ feel the wrath of the Lower Belleville County Unified School District! 넌 이제 남부 밸리빌 카운티 통합 학군의 노여움이 어떤 것인지 맛보게 될 것이야!

* _____ ! 내가 우승했다!

MISS FRITTER
미스 프리터

Nobody touches him! He is mine!
그 누구도 그를 건드리지 마! 저놈은 내 거야!

HILLBILLY FAN #2
촌뜨기 팬 #2

You gonna get it now, whipplefilter!
넌 이제 죽었다, 위플필터!

CROWD
관중

Fritter! Fritter! Fritter!
프리터! 프리터! 프리터!

MCQUEEN

맥퀸

Come on. You can do it! Come on. Lightning, **keep going.**[1] Come on, McQueen.
힘내. 넌 할 수 있어! 힘내라고. 라이트닝, 계속해. 힘내라, 맥퀸.

TRACK P-A ANNOUNCER (V.O.)

장내 아나운서 (목소리만)

Miss Fritter is **lookin' to** get upright, folks,[2] and she is **not pleased!**[3]
미스 프리터가 똑바로 일어서려고 하고 있습니다. 여러분. 그리고 그녀는 지금 기분이 매우 언짢습니다!

MISS FRITTER

미스 프리터

You are about to feel the wrath of the Lower Belleville County Unified School District![4]
넌 이제 남부 밸리빌 카운티 통합 학군의 노여움이 어떤 것인지 맛보게 될 것이야!

MISS FRITTER
미스 프리터

No, no, no! No! Ahhhhhh!
아냐. 아냐. 안돼! 안돼! 아아아!

TRACK P-A ANNOUNCER

장내 아나운서

Ladies and gentlemen, we have a winner! Frances Beltline!
신사 숙녀 여러분, 우승자가 결정됐습니다! 프랜시스 벨트라인!

CRUZ
크루즈

Is that me? That's me? I won? **I won!**[5]
나 말인가? 나야? 내가 우승했다고? 내가 우승했어!

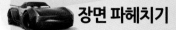

장면 파헤치기 구문 설명과 예문으로 이 장면의 핵심 표현을 완벽히 이해하세요.

❶ **Lightning, keep going.** 라이트닝, 계속해.

⟨keep + ~ing⟩는 '계속해서 ~을 하다'라는 의미로 쓰이는 숙어예요. 예를 들어, keep moving은 '계속 움직이다', keep talking '계속 말하다' 이렇게 쓰인답니다.

* Who told you to stop? **Keep running.** 누가 그만하래? 계속 뛰어.
* **Keep trying.** You'll get there. 계속 노력해라. 언젠가 원하는 결과를 얻게 될 테니.

❷ **Miss Fritter is lookin' to get upright, folks.** 미스 프리터가 똑바로 일어서려고 하고 있습니다.

⟨be동사 + looking to⟩는 '~을 하려고 하다/생각하다/고려하다'라는 의미로 쓰이는 숙어적 표현이에요. Look at은 '~을 보다'이고 look for는 '~을 찾다'인 것을 잘 알고 있는 것처럼 look to는 '~을 하려고 생각/고려하다'라는 것을 숙지해 주세요.

★ 영화 속 패턴 익히기

❸ **She is not pleased!** 그녀는 지금 기분이 매우 언짢습니다!

Please는 타인에게 정중하게 무엇을 부탁하거나 공손하게 요청할 때 '제발, 부디, 정말'과 같은 의미로 덧붙이는 말이기도 하지만 '~를 기쁘게 하다'라는 의미로 쓰이는 동사이기도 해요. 그래서, 위의 문장에서 쓰인 not pleased는 '기쁘지 않은/(이 상황을) 달가워하지 않는'이라는 의미가 되죠.

* He was **not pleased** to be treated that way. 그를 그런 식으로 대한 것에 대해 그는 언짢았다.
* I'm **not pleased** with the result. 이 결과에 대해 난 만족스럽지가 않네.

❹ **You are about to feel the wrath of the Lower Belleville County Unified School District!** 넌 이제 남부 밸리빌 카운티 통합 학군의 노여움이 어떤 것인지 맛보게 될 것이야!

⟨be동사 + about to⟩는 '~을 (막) 하려는 참이다/찰나다'라는 의미의 숙어예요. '지금 막 ~했다'는 식으로 그 의미를 더 강조해서 쓰고 싶을 때는 about 앞에 just를 넣어서 just about to라고 하면 돼요. 예를 들어, I was just about to call you. '너에게 지금 막 전화하려던 참이었어' 이렇게 말이죠.

★ 영화 속 패턴 익히기

❺ **I won!** 내가 우승했어!

Win을 '이기다'라고만 해석해서는 지금과 같은 문맥에서는 흐름이 자연스럽지 않아요. 여기에서는 '우승하다'라고 해석하면 좋습니다. 참고로, 경품을 타거나 로또 등에 당첨될 경우에 '당첨되다, ~을 받다'의 의미로도 win이 쓰인다는 것 꼭 알아두세요.

* We **won** the championship that year. 그해에 우리가 우승을 했지.
* If you **won** the lottery, what would do with the money? 만약 로또에 당첨되면, 그 돈으로 무엇을 할 것 같나요?

17-2.mp3

I'm looking to + 동사

~하려고 하고 있다 / 생각(고려)해 보고 있다.

Step 1   기본 패턴 연습하기

1 **I'm looking to** retire. 난 은퇴를 고려하고 있다.

2 **I'm looking to** invest more in real estate. 부동산에 더 투자할까 생각 중이야.

3 **I'm looking to** do something special here. 난 뭔가 특별한 일을 하려고 고민하고 있어.

4 _____ a car. 차를 살까 생각하고 있어.

5 _____ a job as a web designer. 웹디자이너로 일할 수 있는 직장을 알아보려고 해.

Step 2   패턴 응용하기 | 주어 + be동사 + looking to + 동사

1 Mark is **looking to** open a bakery in Seoul. 마크는 서울에 빵집을 열까 고민 중이야.

2 I heard Mitch is **looking to** start a new business in Philadelphia.
미치가 필라델피아에서 새 사업을 하려고 한다고 들었어.

3 We are **looking to** go on a vacation in August. 우린 8월에 휴가를 갈까 고려 중이야.

4 I didn't know she was _____ her job. 그녀가 직장을 그만두려고 한다는 건 몰랐네.

5 If _____ lose weight, this is the place to be.
당신이 살을 빼려고 한다면, 여기가 바로 당신이 있을 곳이에요.

Step 3   실생활에 적용하기

A 너 책 쓰려고 생각 중이니?

B Yes, I'm looking to write a romance novel.

A 멋진데.

A Are you looking to write a book?

B 응, 로맨스 소설을 쓸까 생각 중이야.

A Sounds awesome.

정답   Step 1 4 I'm looking to buy   5 I'm looking to get   Step 2 4 looking to quit   5 you are looking to

You are about to + 동사

넌 지금 막 ~하려고 하는 참이다.

Step 1 기본 패턴 연습하기

1 **You are about to** get a parking ticket. 너 지금 막 주차 딱지를 떼려고 하고 있어.

2 **You are about to** find out how strong I am. 넌 지금 막 내가 얼마나 힘이 센지 알게 되려는 참이야.

3 **You are about to** be fired. 넌 지금 막 해고되려는 참나야.

4 _____ another dimension. 당신은 지금 다른 차원으로 들어가려는 참나입니다.

5 _____ you've probably never seen before.
당신은 이제 지금까지 한 번도 본 적이 없었던 것을 보게 될 거예요.

Step 2 패턴 응용하기   주어 + be동사 + about to + 동사

1 They **were about to** close the shop. 그들이 가게 문을 막 닫으려는 참나였어.

2 He **was about to** leave. 그가 막 떠나려던 참이었어.

3 What is it? You **were about to** say something. 뭐죠? 지금 방금 무슨 말하려고 했잖아요?

4 She _____ up with her boyfriend. 그녀가 지금 남자친구와 헤어지려고 하는 참이야.

5 Lily _____ with someone she's never met before.
릴리는 지금 처음 만난 사람과 대화하려는 참이야.

Step 3 실생활에 적용하기

A 넌 지금 인생을 바꿀 수도 있는 순간을 경험하려는 참이야.

B Is it another one of your tricks?

A 아니야. 나 지금 진지해. 고개를 들어 하늘을 봐봐.

A You are about to experience a life changing moment.

B 너 또 무슨 속임수 쓰려는 거니?

A No, I'm serious. Look up and see the sky.

정답   Step 1 4 You are about to enter 5 You are about to see something   Step 2 4 was about to break 5 is about to talk

A | 영화 속 대화를 완성해 보세요.

MISS FRITTER   Nobody touches him! ❶........................!
그 누구도 그를 건드리지 마! 저놈은 내 거야!

HILLBILLY FAN #2 You gonna ❷........................, whipplefilter!
넌 이제 죽었다, 위플필터!

CROWD   Fritter! Fritter! Fritter!   프리터! 프리터! 프리터!

MCQUEEN   Come on. ❸........................! Come on. Lightning, ❹......................... Come on, McQueen.
힘내. 넌 할 수 있어! 힘내라고, 라이트닝, 계속해. 힘내라, 맥퀸.

TRACK P-A ANNOUNCER (V.O.)   Miss Fritter is lookin' to ❺........................, folks, and she is ❻........................!
미스 프리터가 똑바로 일어서려고 하고 있습니다, 여러분, 그리고 그녀는 지금 기분이 매우 언짢습니다!

MISS FRITTER   ❼........................ feel the wrath of the Lower Belleville County Unified School District!
넌 이제 남부 밸리빌 카운티 통합 학군의 노여움이 어떤 것인지 맛보게 될 것이야!

MISS FRITTER   No, no, no! No! Ahhhhh!   아냐, 아냐, 안돼! 안돼! 아아아!

TRACK P-A ANNOUNCER   Ladies and gentlemen, we have ❽........................! Frances Beltline!
신사 숙녀 여러분, 우승자가 결정됐습니다! 프랜시스 벨트라인!

CRUZ   Is that me? That's me? I won? ❾........................!
나 말인가? 나야? 내가 우승했다고? 내가 우승했어!

B | 다음 빈칸을 채워 문장을 완성해 보세요.

1 부동산에 더 투자할까 생각 중이야.
.... invest more in real estate.

2 차를 살까 생각하고 있어.
.... a car.

3 그녀가 직장을 그만두려고 한다는 건 몰랐네.
I didn't know she was .... her job.

4 넌 지금 막 해고되려는 찰나야.
.... be fired.

5 그들이 가게 문을 막 닫으려는 찰나였어.
.... the shop.

Cruz's Dream
크루즈의 꿈

크루즈는 맥퀸에게 그가 자신의 어린 시절 롤 모델^{role model}이었다고 고백을 합니다. 맥퀸 때문에 자신도 레이서가 되고 싶었는데 그녀의 가족들이 그녀에게 허황된^{absurd} 꿈을 꾸지 말고 소박하고 안전한 삶^{a simple and safe life}을 살라고 하는 바람에 그녀는 자연스럽게 꿈을 접게 되었다고 하네요. 그리고 딱 한 번 실제 레이싱 대회에 출전한 적이 있었는데 지레 겁을 먹고 주눅이 들어서^{intimidated} 이 길은 자신의 길이 아니라고 생각하며 다시는 레이싱을 하지 않았다는군요. 그런데 아직도 그녀의 마음속 깊은 곳에는 레이서가 되고 싶어 하는 갈증과^{thirst} 욕구^{desire}의 불씨가 꺼지지 않고 남아 있는 것 같아요.

Warm Up! 오늘 배울 표현   오늘 등장하는 표현들입니다. 어떤 표현이 들어가야 할지 생각해 보세요.

* I've wanted to become a racer _____ ! 난 늘 레이서가 되고 싶었다고요!

* '_____ Cruz' that's what my family used to say.
  '작은 꿈을 꿔 크루즈' 우리 식구들은 나에게 이렇게 말하곤 했죠.

* _____ prove them wrong! 난 그들이 틀렸다는 걸 증명해 보이고 싶었죠!

* When I got to my first race, I _____. 처음으로 레이싱 대회에 출전했을 때, 깨닫게 되었죠.

* It was my one _____ and I didn't _____. 내겐 단 한 번의 기회였고 난 그 기회를 받아들이지 않았죠.

MCQUEEN
맥퀸

Did y...

당신이 그랬…

CRUZ
크루즈

NO! I've wanted to become a racer **forever**!❶ Because of you!

아니요! 난 늘 레이서가 되고 싶었다고요! 당신 때문에요!

CRUZ
크루즈

I used to watch you on TV, flying through the air, you seemed so... fearless...

난 당신을 TV에서 보곤 했어요. 공기를 가르며 날아가는 모습을, 정말 너무나도… 거칠 것 없는…

CRUZ
크루즈

'**Dream small** Cruz'❷ that's what my family used to say. 'Dream small or not at all.' They were just trying to protect me... But I was the fastest kid in town and **I was gonna** prove them wrong!❸

'작은 꿈을 꿔 크루즈' 우리 식구들은 나에게 이렇게 말하곤 했죠. '작은 꿈을 꿔 아니면 아예 꿈꾸지 말든지.' 그들은 단지 날 보호하기 위해서 그랬던 거예요… 하지만 난 우리 동네에서 가장 빠른 아이였어요. 그리고 그들이 틀렸다는 걸 증명해 보이고 싶었죠!

MCQUEEN
맥퀸

What happened?

그래서 어떻게 됐나요?

CRUZ
크루즈

When I got to my first race, I **figured it out.**❹

처음으로 레이싱 대회에 출전했을 때, 깨닫게 되었죠.

MCQUEEN
맥퀸

What?

무엇을?

CRUZ
크루즈

That I didn't belong. The other racers looked nothing like me – they were bigger and stronger and so... confident.

내가 있을 곳이 아니란 걸 말이에요. 다른 레이서들은 저와는 전혀 다른 모습이었어요 – 그들은 더 크고 더 세고 또 자신감이 넘쳤죠.

CRUZ
크루즈

And when they started their engines, that was it... I knew I'd never be a racer. I just left... It was my one **shot** and I didn't **take it.**❺

그리고 그들이 엔진을 가동했을 때, 그때 끝났죠… 난 절대 레이서가 될 수 없을 거라는 것을 알았어요. 그래서 그냥 떠났어요… 내겐 단 한 번의 기회였고 난 그 기회를 받아들이지 않았죠.

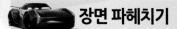

장면 파헤치기 구문 설명과 예문으로 이 장면의 핵심 표현을 완벽히 이해하세요.

❶ **I've wanted to become a racer forever!** 난 늘 레이서가 되고 싶었다고요!

우리는 보통 forever를 '영원히'라고만 해석하는데 원어민들은 구어체에서 이 표현을 '아주 긴 시간 동안 / 정말 오랫동안'이라는 뜻으로 강조용법으로 활용하는 경우가 많답니다. 다시 말해, for a very, very long time과 같은 의미로 쓰인다고 보시면 되겠어요.

★ 영화 속 패턴 읽기

❷ **'Dream small Cruz' that's what my family used to say.**
'작은 꿈을 꿔 크루즈' 우리 식구들은 나에게 이렇게 말하곤 했죠.

일반적으로 사람들은 '꿈은 원대하게 꿔라'라고 하며 Dream big!이라는 표현을 쓰는데, 크루즈의 부모님은 그들의 딸이 허황된 꿈을 꾸는 것보다는 현실에 안주하며 안전하게 살기를 원하셨는지 Dream small '작은 꿈을 꿔라'라고 말씀하셨네요.

* Don't **dream big**, be realistic. 꿈을 너무 크게 꾸지 말고 현실적으로 세상을 봐라.
* **Dream big** dreams, but start small. 큰 꿈들을 꿔라. 하지만 시작은 작게 해라.

❸ **I was gonna prove them wrong!** 난 그들이 틀렸다는 걸 증명해 보이고 싶었죠!

be going to는 (가까운) 미래에 '~을 할 것이다'라는 의미인데, be동사 과거를 going to(gonna)와 함께 쓰면 '~하려고 했었다'는 뜻이 됩니다. 참고로, I thought로 시작하는 문장에서는 be동사 과거 + going to가 '~하게 되는 줄/~하는 줄'이라는 뜻이 됩니다. 예를 들어, I thought you were going to be there. '난 네가 오는 줄 알았다' 이렇게요.

★ 영화 속 패턴 읽기

❹ **When I got to my first race, I figured it out.** 처음으로 레이싱 대회에 출전했을 때, 깨닫게 되었죠.

figure something/someone out은 '(생각한 끝에) ~을 이해하다/알아내다/계산하다'라는 의미로 쓰이는 숙어예요. 뭔가를 곰곰이 생각한 끝에 알게 되고 이해하게 되었다는 점에서 비슷한 의미의 단어들 understand이나 know와는 차이가 있네요.

* I can't **figure out** how to fix this. 이걸 어떻게 고쳐야 할지 도무지 모르겠어.
* Have you **figured out** what really happened? 실제로 무슨 일이 있었던 건지 파악했나?

❺ **It was my one shot and I didn't take it.** 내겐 단 한 번의 기회였고 난 그 기회를 받아들이지 않았죠.

Shot은 기본적으로 총기의 '발사/발포/총성' 또는 농구나 축구에서의 '슛'을 뜻하는 명사지요. 구어체에서는 try와 같은 '시도', 또는 chance와 같은 '기회'의 의미로도 많이 쓰인답니다. give it a shot '시도/도전을 하다'라는 표현을 기억하시죠? 위의 문장에서 쓰인 take a shot은 '시도를 하다'라는 뜻이 되기도 하고 '기회를 잡다/받아들이다'라는 뜻이 되기도 합니다.

* You only have one shot. Are you going to **take it**? 단 한 번 시도할 기회가 남았어. 이 기회를 잡겠는가?
* I'm not sure if I can do this, but I'll **take a shot** at it. 할 수 있을지는 모르겠지만 시도해 볼게.

🎧 18-2.mp3

~ forever
(긴 시간을 강조하며) 정말 오랜 시간/기간 동안

Step 1   기본 패턴 연습하기

1   I've been wanting to do this **forever**. 난 정말 오랫동안 이게 하고 싶었어.

2   I've been thinking about you **forever**. 난 정말 오랫동안 너에 대한 생각을 했어.

3   Baseball has been my favorite sport since **forever**. 정말 오래전부터 야구는 내가 제일 좋아하는 스포츠야.

4   We haven't heard from him _____. 정말 오랫동안 그에게서 연락을 못 들었어.

5   It took us _____ to get here. 여기 오는 데 정말 엄청 오래 걸렸어.

Step 2   패턴 응용하기 | ~ for ages

1   We've been waiting for you **for ages**. 널 정말 오랫동안 기다렸어.

2   She's been standing here **for ages**. 그녀는 정말 오랫동안 여기에 서 있었어.

3   He has lived here **for ages**. 그는 여기에 정말 오래 살았다.

4   I have been _____. 나 여기에서 일한 지 정말 오래됐어.

5   The TV show seemed to go on _____. 그 TV 프로그램은 정말 오래 한 것 같아.

Step 3   실생활에 적용하기

A I wonder how long Wil and Terry have been together.	A 윌하고 테리는 얼마나 오래 사귄 건지 궁금하네.
B 걔들 사귄 지 진짜 오래된 것 같은데.	B It seems like they have been together forever.
A Yeah, it seems that way.	A 어, 그게 말이야.

정답   Step 1   4 since forever   5 forever   Step 2   4 working here for ages   5 for ages

🎧 18-3.mp3

I was going to + 동사

~하려고 했었다.

Step 1 기본 패턴 연습하기

1 **I was going to** call you. But something came up. 내가 전화하려고 했었는데, 일이 생겼어.

2 **I was going to** tell you, but I couldn't. 너에게 말하려고 했는데, 할 수가 없었어.

3 **I was going to** visit him on the way back. 난 돌아오는 길에 그에게 들르려고 했었어.

4 _____ early, but decided to stay because of you.
일찍 나가려고 했었는데, 너 때문에 있기로 했지.

5 _____ something, but I forgot. 무슨 말 하려고 했었는데, 까먹었네.

Step 2 패턴 응용하기 | 주어 + be동사 과거 + going to + 동사

1 He thought he **was going to** die. 그는 자신이 죽는 줄 알았대.

2 The coach **was going to** give up on the players. 그 코치는 선수들에 대한 기대를 접으려고 했었어.

3 She thought she **was going to** be a teacher, but she became a comedian.
그녀는 자신이 선생님이 될 줄 알았는데, 코미디언이 되었어.

4 _____ have a baby, but ended up having an angel.
우린 아이를 낳으려고 했는데, 천사를 낳고 말았네.

5 They thought _____ each other forever.
그들은 서로를 영원히 사랑할 거로 생각했지.

Step 3 실생활에 적용하기

A Have you done your homework yet?

B 하려고 했지만 설거지하느라 너무 바빠서 그만.

A What an excuse!

A 숙제는 다 했니?

B I was going to do it, but I was too busy washing dishes.

A 핑계 좋다!

정답 Step 1 **4** I was going to leave **5** I was going to say **Step 2 4** We were going to **5** they were going to love

A | 영화 속 대화를 완성해 보세요.

MCQUEEN Did y... 당신이 그랬…

CRUZ NO! I've wanted to become a racer ❶_____!
❷_____ you! 아니요! 난 늘 레이서가 되고 싶었다고요! 당신 때문에요!

CRUZ I ❸_____ you on TV, flying through the air,
you seemed so... ❹_____...
난 당신을 TV에서 보곤 했어요, 공기를 가르며 날아가는 모습을, 정말 너무나도… 거칠 것 없는…

CRUZ '❺_____' that's what my family used to say.
'Dream small or 6not at all.' They were just trying
to protect me... But I was the fastest kid in town and
❻_____ prove them wrong! '작은 꿈을 꿔 크루즈' 우리
식구들은 나에게 이렇게 말하곤 했죠. '작은 꿈을 꿔 아니면 아예 꿈꾸지 말든지.' 그들은 단지 날
보호하기 위해서 그랬던 거예요… 하지만 난 우리 동네에서 가장 빠른 아이였어요. 그리고 그들이
틀렸다는 걸 증명해 보이고 싶었죠!

MCQUEEN What happened? 그래서 어떻게 됐나요?

CRUZ When I got to my first race, I ❼_____.
처음으로 레이싱 대회에 출전했을 때, 깨닫게 되었죠.

MCQUEEN What? 무엇을?

CRUZ That I didn't belong. The other racers looked nothing like
me – they were bigger and stronger and so... confident.
내가 있을 곳이 아니란 걸 말이에요. 다른 레이서들은 저와는 전혀 다른 모습이었어요 – 그들은 더
크고 더 세고 또 자신감이 넘쳤죠.

CRUZ And when they started their engines, that was it...
I knew I'd never be a racer. I just left... It was my
❽_____ and I didn't ❾_____.
그리고 그들이 엔진을 가동했을 때, 그때 끝났죠… 난 절대 레이서가 될 수 없을 거라는 것을 알았어요.
그래서 그냥 떠났어요… 내겐 단 한 번의 기회였고 난 그 기회를 받아들이지 않았죠.

정답 A

❶ forever
❷ Because of
❸ used to watch
❹ fearless
❺ Dream small
❻ I was gonna
❼ figured it out
❽ one shot
❾ take it

B | 다음 빈칸을 채워 문장을 완성해 보세요.

1 난 정말 오랫동안 이게 하고 싶었어.
I've been wanting to do _____.

2 그는 여기에 정말 오래 살았다.
He has lived _____.

3 너에게 말하려고 했는데 할 수가 없었어.
_____, but I couldn't.

4 무슨 말 하려고 했었는데 까먹었네.
_____ something, but I forgot.

5 그녀는 자신이 선생님이 될 줄 알았는데 코미디언이 되었어.
She thought _____ a teacher, but she became
a comedian.

정답 B

1 this forever

2 here for ages

3 I was going to tell you

4 I was going to say

5 she was going to be

McQueen's Probability of Winning

맥퀸의 우승 확률

맥퀸이 데몰리션 더비에 출전한 것이 언론에 알려지면서 이 뉴스가 그들에게 아주 좋은 가십거리가^{gossip} 되는군요. 데몰리션 더비에서 분투하고^{exert} 있는 맥퀸의 자료영상을^{footage} 보여주며 대놓고 망신살이 뻗쳤다며 놀리고 있어요. 이제 그가 레이싱대회에 출전한다고 해도 우승 확률이^{probability of winning} 겨우 1퍼센트 남짓이라며 이제 그에게 남은 것은 은퇴밖에 없다고 하네요. 맥퀸과 그의 친구들은 이 뉴스를 보면서 정말 자존심이 많이 상했어요^{hurt his pride}.

 **Warm Up!** 오늘 배울 표현   오늘 등장하는 표현들입니다. 어떤 표현이 들어가야 할지 생각해 보세요.

* Almost makes me _____ the guy.   너무 안쓰러워서 마음이 안 좋을 정도예요.

* Lightning's just taking a somewhat. _____ approach to this race is all.
  라이트닝은 그저 조금 평범하지 않은 방식으로 이번 레이스에 접근하고 있는 것일 뿐입니다.

* _____ humiliating!   이보다 더 망신스러울 수가 있을까요!

* That could be _____.   그게 가장 좋은 선택일 수도 있을 것 같아요.

* _____ he does race, McQueen's probability of winning is...
  만약 레이싱을 한다고 해도 그가 우승할 확률은…

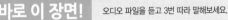
CHICK HICKS (ON TV)
칙 힉스 (TV)

The talk of the track tonight is Lightning McQueen finding yet another way to embarrass himself – at a Demolition Derby! Whoa. Almost makes me **feel sorry for** the guy❶ – not really! Here's what his new sponsor had to say...

오늘 밤의 트랙 이야기는 라이트닝 맥퀸이 또다시 자신을 망신시켰다는 이야기가 있군요. 데몰리션 더비에서 말이에요. 워. 너무 안쓰러워서 마음이 안 좋을 정도예요 – 뭐 사실 별로 그렇진 않지만! 그의 새로운 스폰서는 이번 일에 대해 이렇게 말하고 있네요…

STERLING (ON TV)
스털링 (TV)

Everyone relax! The 95's gonna race. Lightning's just taking a somewhat... **unconventional** approach to this race is all.❷ It's one of the things his fans love about him.

모두들 진정하세요! 95번은 레이싱을 할 겁니다. 라이트닝은 그저 조금 평범하지 않은 방식으로 이번 레이스에 접근하고 있는 것일 뿐입니다. 그의 팬들이 바로 그의 이런 면을 좋아하는 거죠.

CHICK HICKS
칙 힉스

Yeah right! **Talk about** humiliating!❸ If I were old Ka-chow, I wouldn't even bother to show up in Florida.

참 내! 이보다 더 망신스러울 수가 있을까요! 내가 라이트닝 노친네라면 플로리다에는 코빼기도 내비치지 않을 것 같군요.

NATALIE CERTAIN
나탈리 서틴

That could be **for the best**, Chick.❹ **Even if** he does race, McQueen's probability of winning is...❺ ...one-point-two percent.

그게 가장 좋은 선택일 수도 있을 것 같아요. 칙. 만약 레이싱을 한다고 해도 그가 우승할 확률은… …1.2퍼센트네요.

CHICK HICKS
칙 힉스

Wow!

아이고!

NATALIE CERTAIN
나탈리 서틴

Numbers never lie.

숫자는 절대 거짓말하는 법이 없죠.

116

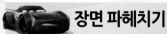

장면 파헤치기 구문 설명과 예문으로 이 장면의 핵심 표현을 완벽히 이해하세요.

❶ Almost makes me feel sorry for the guy. 너무 안쓰러워서 마음이 안 좋을 정도예요.

Feel sorry for someone은 '~을 가엽게 여기다/안쓰럽게 여기다'라는 의미로 쓰이는 숙어예요. 누군가가 힘든/딱한 일을 당했을 때 활용하면 아주 좋은 표현이지요. 스스로를 딱하게 여겨 한탄할 때는 feel sorry for oneself 형식으로 쓸 수도 있답니다.

* I **feel sorry for** those people who are out of a job. 직장을 잃은 그 사람들 정말 너무 안됐다.
* Stop **feeling sorry for** yourself. 한탄 좀 그만하거라.

❷ Lightning's just taking a somewhat. unconventional approach to this race is all. 라이트닝은 그저 조금 평범하지 않은 방식으로 이번 레이스에 접근하고 있는 것일 뿐입니다.

Convention은 '관습, 관례'라는 뜻의 명사인데, 형용사로 conventional이라고 하면 '관습적인, 관례적인'이라는 뜻이 돼요. 그 앞에 접두사 un을 붙여서 unconventional이라고 하면 '관습적이지 않은/평범하지 않은/틀에 얽매이지 않는' 확장해서 해석하면 문맥에 따라 '색다른, 독특한'이라고 해석할 수도 있어요.

* Mr. Pierce had an **unconventional** childhood. 피어스 씨는 평범하지 않은 유년기를 보냈어요.
* She's an **unconventional** thinker. 그녀는 독특한 사고방식을 가지고 있다.

❸ Talk about humiliating! 이보다 더 망신스러울 수가 있을까요!

Talk about은 '~에 대해 이야기하다'라는 의미 이외에도 〈Talk about + (동)명사〉의 형태로 강조하면서 '~하기란/하기가 말도 못 한다'와 '정말 어찌 그럴 수가 있는지!'와 같은 뜻의 감탄문으로 쓰이기도 합니다.

★영화 속 패턴 익히기

❹ That could be for the best. 그게 가장 좋은 선택일 수도 있을 것 같아요.

For the best는 '~을 하는 것이 최선이다/가장 좋은 선택이다'라는 의미의 표현이에요. 구조적으로는 문장의 끝에 오게 되는데 지금은 왠지 안 좋은 것 같지만 결국은 그게 가장 잘하는 일/선택이라는 말을 하고 싶을 때 자주 쓰이는 표현이랍니다.

* I don't want to let you go. But perhaps it's **for the best**.
  난 널 보내고 싶진 않지만 어쩌면 그게 지금으로서는 최선일지도 몰라.
* Sell your business. It's all **for the best**. 회사를 팔아라. 지금은 그게 최선의 선택이야.

❺ Even if he does race, McQueen's probability of winning is... 만약 레이싱을 한다고 해도 그가 우승할 확률은...

Even if와 even though의 차이점을 알려 드릴게요. 우선, Even if는 비현실적 상황에서 가능성만을 두고 이야기할 때 '설령/설사 ~한다 해도'라는 의미로 쓰여요. 예를 들어, even if you leave me, I will still love you '설령 네가 날 떠난다고 해도, 난 그래도 널 사랑할 거야' 이렇게 말이죠. 반면, even though는 이미 사실인 상황에서 '비록 ~이지만, ~에도 불구하고'라는 의미로 쓰이지요. 예를 들어, Even though you are not my type. I love you. '비록 네가 내 스타일은 아니지만, 난 널 사랑해' 이렇게 쓰인답니다.

★영화 속 패턴 익히기

🎧 19-2.mp3

Talk about ~!

(강조) ~하기란/하기가 말도 못 한다, 정말 철저히 ~당했다.

Step 1　기본 패턴 연습하기

1　**Talk about** embarrassment! 창피하기가 말도 못 해!

2　**Talk about** being rejected! 정말 철저히 거절당했다니까!

3　**Talk about** being ignored! 정말 철저히 무시당했다니까!

4　_____ lucky! 우와 정말 어떻게 이렇게 운이 좋니!

5　_____ being unlucky! 우와 정말 어떻게 이렇게 운이 나쁘지!

Step 2　패턴 응용하기 ｜ How ~!

1　**How** beautiful! 너무나도 아름다워라!

2　**How** cute! 정말 귀엽다!

3　**How** amazing! 너무나도 놀라워라!

4　_____ he is! 우와 그는 정말 잘생겼어!

5　_____ it is! 정말 믿기 어려울 정도야!

Step 3　실생활에 적용하기

A 세상에 이런 굴욕이!

B I still can't believe that we got defeated by preschoolers.

A 우리 영원히 집에서 나오지 말자.

A Talk about humiliation!

B 유치원생들에게 지다니 아직도 믿기지 않아.

A Let's just stay home forever.

정답　Step 1 4 Talk about being　5 Talk about　Step 2 4 How handsome　5 How unbelievable

Even if ~

(만약) ~라고 해도 / ~하다 해도

Step 1 기본 패턴 연습하기

1 You must take a nap, **even if** you can't. 잠시나마 낮잠이라도 자야 해, 아무리 할 수 없다고 해도.

2 **Even if** you want to, don't go out with him! 만약 네가 원한다 해도 그와는 사귀지 마라!

3 I will never give up, **even if** there's no hope. 난 절대 포기하지 않아, 희망이 전혀 없다고 해도.

4 .... feels like a loser, he is a winner. 그가 패배자라고 느낀다 해도 그는 승리자야.

5 .... you, she will come back. 만약 그녀가 널 떠난다고 해도 그녀는 돌아올 거야.

Step 2 패턴 응용하기 Even though ~

1 **Even though** you hurt me, I still love you. 네가 나에게 상처를 주었지만, 난 아직도 널 사랑해.

2 **Even though** I don't have any money, I'm happy. 난 돈이 하나도 없지만, 그래도 난 행복해.

3 **Even though** we fight a lot, we are still friends. 우리가 많이 싸우긴 하지만, 우린 아직 친구야.

4 .... little, she is tough. 그녀는 작긴 해도 거칠다.

5 .... old, he is very strong physically. 그가 나이가 좀 있긴 해도 힘이 세다.

Step 3 실생활에 적용하기

A 너 여전히 존 기다리고 있니?

B Not really. I don't mind even if he doesn't come.

A 정말?

A Are you still waiting for John?

B 그렇지 않아. 그가 안 와도 상관없어.

A Are you sure?

정답 Step 1 4 Even if he 5 Even if she leaves Step 2 4 Even though she is 5 Even though he is

A | 영화 속 대화를 완성해 보세요.

CHICK HICKS (ON TV)   The talk of the track tonight is Lightning McQueen finding yet another way to ❶........................... – at a Demolition Derby! Whoa. Almost makes me ❷........................... the guy – not really! Here's what his new sponsor had to say...   오늘 밤의 트랙 이야기는 라이트닝 맥퀸이 또다시 자신을 망신시켰다는 이야기가 있군요, 데몰리션 더비에서 말이에요. 워. 너무 안쓰러워서 마음이 안 좋을 정도예요 – 뭐 사실 별로 그렇진 않지만! 그의 새로운 스폰서는 이번 일에 대해 이렇게 말하고 있네요…

STERLING (ON TV)   Everyone ❸...........................! The 95's gonna race. Lightning's just taking a somewhat... ❹........................... approach to this race is all. It's one of the things his fans love about him.   모두들 진정하세요! 95번은 레이싱을 할 겁니다. 라이트닝은 그저 조금 평범하지 않은 방식으로 이번 레이스에 접근하고 있는 것일 뿐입니다. 그의 팬들이 바로 그의 이런 면을 좋아하는 거죠.

CHICK HICKS   Yeah right! ❺........................... humiliating! If I were old Ka-chow, I wouldn't even bother to ❻........................... in Florida.   참 내! 이보다 더 망신스러울 수가 있을까요! 내가 라이트닝 노친네라면 플로리다에는 코빼기도 내비치지 않을 것 같군요.

NATALIE CERTAIN   That could be for the best, Chick. ❼........................... he does race, McQueen's probability of winning is... ...one-point-two percent.   그게 가장 좋은 선택일 수도 있을 것 같아요, 칙. 만약 레이싱을 한다고 해도 그가 우승할 확률은… …1.2퍼센트네요.

CHICK HICKS   Wow!   아이고!

NATALIE CERTAIN   Numbers ❽.............................   숫자는 절대 거짓말하는 법이 없죠.

B | 다음 빈칸을 채워 문장을 완성해 보세요.

1 우와 정말 어떻게 이렇게 운이 좋니!
.... lucky!

2 너무나도 놀라워라!
.... amazing!

3 만약 네가 원한다 해도 그와는 사귀지 마라!
.... want to, don't go out with him!

4 난 절대 포기하지 않아, 희망이 전혀 없다고 해도.
I will never give up, ... no hope.

5 네가 나에게 상처를 주었지만 난 아직도 널 사랑해.
.... you hurt me, I still love you.

Epiphany

순간적인 깨달음

맥퀸은 이제 너무 힘들고 지쳐서^{burnt out} 레이싱을 그만 둘까 하는 마음이 생기네요. 기분도 착잡하고 외롭기도 해서 오랜만에^{in a long time} 그의 절친 메이터에게 전화를 걸었어요. 늘 그렇듯이^{as usual} 메이터는 맥퀸을 격하게 반기네요. 서로에 대한 안부를 물으며 이런저런 얘기를 하다가 맥퀸이 요즘 레이싱을 그만둘까 고민 중이라며 자신의 고충을 털어놓자, 워낙 말 많은^{talkative} 메이터가 이 소리 저 소리하며 도움을 주려고 애쓰는군요. 그런데 별 의미 없이 내뱉은 메이터의 조언에^{advice} 맥퀸이 갑자기 순간적으로 신의 계시를 받은 듯한 깨달음을^{epiphany} 얻었어요.

Warm Up! 오늘 배울 표현 　오늘 등장하는 표현들입니다. 어떤 표현이 들어가야 할지 생각해 보세요.

* I'm always ＿＿＿＿＿＿＿＿＿＿＿＿＿＿＿. 난 항상 밤늦게까지 일해.

* So ＿＿＿＿＿＿＿＿＿＿＿＿＿ everything! 자 이제 밀린 얘기 모두 다 해주라!

* Well, ＿＿＿＿＿＿＿＿＿＿... 뭐 별일 없어...

* ＿＿＿＿＿＿＿＿＿＿, everything's good. 그것 빼고는 다들 잘 지내고 있어.

* We all do when you're ＿＿＿＿＿＿＿＿. 네가 떠나있을 때는 우리들은 모두 다 그래.

121

오디오 파일을 듣고 3번 따라 말해보세요.

🎧 20-1.mp3

MATER
메이터
Well, hey there, buddy!
이야, 안녕 친구!

MCQUEEN
맥퀸
Mater!
메이터!

MATER
메이터
Y'know, I was just thinkin' of you and here ya are lookin' right at me! You see me okay? Hang on a second there... hold on, let me see here... ...that better?
있잖아, 내가 네 생각을 하던 참인데, 우와 지금 네가 내 얼굴을 보고 있네! 잘 보여? 잠시만… 잠시, 이것 좀 다시… … 좀 낫니?

MCQUEEN
맥퀸
Lookin' you straight in the eye there, pal. Hey, sorry about calling so late...
오, 친구, 네 눈이 제대로 보이는구나. 야, 너무 늦은 시간에 전화해서 미안해…

MATER
메이터
Shoot, not for me, it's not! I'm always **burnin' that midnight oil**.❶ So **get me caught up on** everything!❷
아이고, 난 괜찮아, 전혀 늦은 시간 아니야! 난 항상 밤늦게까지 일해. 자 이제 밀린 얘기 모두 다 해주라!

MCQUEEN
맥퀸
Well... actually kinda hopin' I might hear what's goin' on back home.
흠… 실은 난 그쪽에는 뭐 특별한 일이 없나 들었으면 하고 있었는데.

MATER
메이터
Well, **not much...**❸ not if you don't count Sarge and Fillmore tryin' to run the tire shop. But tell Luigi not to worry, Sarge is gonna track down every last tire that Fillmore done gived away.
뭐 별일 없어… 사지하고 필모어가 타이어 가게를 운영하려고 하는 것만 빼면 말이야. 하지만 루이지에겐 걱정하지 말라고 해. 필모어가 공짜로 사람들에게 막 나눠주는 타이어를 사지가 다 기록해 두고 있으니까.

MATER
메이터
Other than that, everything's good.❹
그것 빼고는 다들 잘 지내고 있어.

MCQUEEN
맥퀸
How's Sally?
샐리는 어떻게 지내?

MATER
메이터
Oh she's fine. Keeping busy at the Cone, she misses ya. Well, shoot! We all do when you're **on the road**.❺
아 잘 지내지. 일하느라 바빠, 널 보고 싶어 하고. 아, 이런! 네가 떠나있을 때는 우리들은 모두 널 그리워한다고.

❶ **I'm always burnin' that midnight oil.** 난 항상 밤늦게까지 일해.

Burn the midnight oil은 '(공부나 일을 하느라) 밤늦게까지 불을 밝히다'라는 의미의 관용표현이에요. 예전에 우리 선조들이 전기가 없던 시절 밤에 호롱불을 켜 놓고 공부를 했다고 하는 것과 비슷한 표현이에요.

* I'm going to **burn the midnight oil tonight**. 난 오늘 밤에 밤샘 공부 할 거야.
* Did you **burn the midnight oil again last night**? 어젯밤에 또 밤샘 작업 했니?

❷ **So get me caught up on everything!** 자 이제 밀린 얘기 모두 다 해주라!

Get someone caught up on something은 '~에게 밀린 얘기/일 따위를 몰아서 해주다, 따라잡게 해주다'라는 의미의 관용표현이에요. 조금 더 간단하게 풀어서 catch up on something '밀린 얘기/일을 몰아서 하다/따라잡다'라는 표현을 먼저 익혀두는 것이 좋겠네요. 예를 들어, I'm going to catch up on sleep. '난 밀린 잠을 좀 자야겠어' 이렇게 쓴답니다.

★ *영화 속 패턴 익히기*

❸ **Well, not much...** 뭐 별일 없어…

상대방이 인사말로 '잘 지냈니?' '별일 없니?'라고 물을 때 대답으로 쓰는 가장 흔한 표현이 바로 not much예요. 누군가가 What's up? 또는 What have you been up to?하며 '별일 없지?'라고 물으면 이 표현으로 대답해 주세요.

* A: What's up, man? 야, 별일 없니?   B: **Not much.** 별일 없지 뭐.
* A: What's cooking? 별일 없지?   B: **Not much.** 별일 없어.

❹ **Other than that, everything's good.** 그것 빼고는 다들 잘 지내고 있어.

Other than that은 상대방에게 특정한 어떤 상황에 대해서 이야기하거나 자신의 의견을 이야기한 후 그 외의 다른 것들에 대해서 말할 때 '그것 빼고는/그것을 제외하면'이라는 뜻으로 쓰는 표현이에요. 따로 하나의 표현으로 other than that을 쓰기도 하지만, that을 빼고 other than 뒤에 다른 단어들을 넣어서 '~외에, ~와 다른/~이 아닌'이라는 의미로 쓸 수도 있는데 패턴 예문을 통해 더 알아보도록 할게요.

★ *영화 속 패턴 익히기*

❺ **We all do when you're on the road.** 네가 떠나있을 때는 우리들은 모두 다 그래.

on the road는 장기간, 장거리를 여행/이동 중인 경우에 쓰는 표현인데, 특히 가수들이나 공연을 하는 사람들이 지방공연 또는 해외공연 다니는 것을 표현할 때 자주 쓴답니다. 계속 살 수 있는 집이 없어서 이리저리 옮겨 다니는 삶을 묘사할 때도 쓸 수 있어요.

* Life **on the road** can be very lonely. 돌아다니며 사는 것은 아주 외로운 삶일 수도 있어.
* The band will be **on the road** for three months. 그 밴드는 3개월간 순회공연을 할 것이다.

영화 속 패턴 익히기 오늘 배운 장면에서 뽑은 핵심 패턴으로 다양한 표현을 만들어 보세요.

🎧 20-2.mp3

get me caught up on + 명사 내가 (밀린 얘기/과제 따위)를 따라잡게 해줘.

Step 1 기본 패턴 연습하기

1 Can someone **get me caught up on** this drama everybody's talking about?
사람들의 모두를 이야기하는 이 드라마에 대해서 누군가 나에게 얘기해 줄 수 있나요?

2 Please, **get me caught up on** what I missed. 내가 놓친 부분의 이야기를 해 주세요.

3 It took me nearly a year to **get me caught up on** my bills.
밀린 고지서를 지불하는데 거의 1년이 걸렸다.

4 Someone needs to help _____ all the new technology.
모든 새로운 기술들에 대해 밀린 지식을 따라잡을 수 있도록 누군가가 날 도와야 한다.

5 _____ has happened since last Friday.
지난 금요일 이후로 무슨 일이 있었는지 누가 나에게 좀 설명해 주라.

Step 2 패턴 응용하기 catch (someone) up on + 명사

1 I need to **catch up on** my sleep. 그동안 밀린 잠을 자야만 해.

2 I have to **catch up on** my reading. 그동안 못 읽고 밀린 책들을 읽어야만 해.

3 Let's **catch up on** the past week. 지난주 있었던 밀린 이야기들을 하자.

4 We have so much _____. 우린 따라잡아야 할 밀린 이야기가 많다.

5 Please, _____ what your family is doing.
너희 가족들 어떻게 지내는지 밀린 이야기 좀 해 주라.

Step 3 실생활에 적용하기

A 내가 놓친 이야기 모두 다 해줘.

B You didn't miss anything.

A 왜 이래, 숨기려고 하지 마.

A Get me caught up on everything I missed.

B 너 놓친 거 하나도 없어.

A Come on, don't try to hide things from me.

정답 Step 1 4 get me caught up on 5 Get me caught up on what Step 2 4 to catch up on 5 catch me up on

Other than that, ~

그것 빼고는 / 그것을 제외하고는

Step 1 기본 패턴 연습하기

1 It rained a lot. But **other than that**, we had a great trip.
비가 많이 왔어. 하지만 그것 빼고는 여행 정말 좋았어.

2 They had a little argument. But **other than that**, nothing happened.
그들이 조금 언쟁을 했지. 그것 말고는 별일 없었어.

3 I have a cold, but **other than that**, all is well. 감기 걸렸어. 하지만 그것 빼고는 다 괜찮아.

4 The room is a bit old. But _____, it is in great condition.
방이 좀 옛날 거긴 한데 그것만 빼면 상태는 좋아요.

5 The Wi-Fi didn't work. _____, we had a great stay.
와이파이가 안 되더라고요. 그것 빼고는 아주 잘 머물다 갑니다.

Step 2 패턴 응용하기 Other than ~

1 This contract cannot be signed by anyone **other than** you.
이 계약서에는 당신 외에 다른 사람은 서명할 수 없어요.

2 Where's the best place in Korea to spend a few days **other than** Seoul?
한국에서 서울 말고 며칠 지낼만한 곳으로 가장 좋은 데가 어디에요?

3 Tell me a story **other than** that. 그 얘기 말고 다른 얘기 해 줘요.

4 He doesn't own anything _____. 그는 자기 차 이외에 소유한 것이 아무것도 없다.

5 _____, there's nothing I love more than my dog.
우리 가족을 제외하고, 난 우리 강아지가 세상에서 제일 좋아.

Step 3 실생활에 적용하기

A How is your trip going so far?

B I have a bit of a headache. 그것 빼면 모든 게 완벽해.

A Oh, I hope you get better.

A 여행은 잘하고 있니?

B 두통이 조금 있어. Other than that, everything is perfect.

A 아, 빨리 낫길 바라.

정답 Step 1 4 other than that 5 Other than that Step 2 4 other than his car 5 Other than my family

125

A | 영화 속 대화를 완성해 보세요.

MATER Well, hey there, buddy! 이야, 안녕 친구!

MCQUEEN Mater! 메이터!

MATER Y'know, I was just ❶_____ and here ya are lookin' right at me! You see me okay? Hang on a second there... ❷_____, let me see here... ...that better? 있잖아, 내가 네 생각을 하던 참인데, 우와 지금 네가 내 얼굴을 보고 있네! 잘 보여? 잠시만… 잠시 이것 좀 다시… …좀 낫니?

MCQUEEN Lookin' you straight in the eye there, pal. Hey, ❸_____ calling so late... 오, 친구, 네 눈이 제대로 보이는구나. 야, 너무 늦은 시간에 전화해서 미안해…

MATER Shoot, not for me, it's not! I'm always ❹_____. So get me caught up on everything! 아이고, 난 괜찮아, 전혀 늦은 시간 아니야! 난 항상 밤늦게까지 일해. 자 이제 밀린 얘기 모두 다 해주라!

MCQUEEN Well... actually kinda hopin' I might hear what's goin' on back home. 흠… 실은 난 그쪽에는 뭐 특별한 일이 없나 들었으면 하고 있었는데.

MATER Well, ❺_____... not if you don't count Sarge and Fillmore tryin' to run the tire shop. But tell Luigi not to worry, Sarge is gonna ❻_____ every last tire that Fillmore done ❼_____. 뭐 별일 없어… 사지고 있고 필모어가 타이어 가게를 운영하려고 하는 것만 빼면 말이야. 하지만 루이지에겐 걱정하지 말라 해. 필모어가 공짜로 사람들에게 막 나눠주는 타이어를 사지가 다 기록해 두고 있으니까.

MATER ❽_____, everything's good. 그것 빼고는 다들 잘 지내고 있어.

MCQUEEN How's Sally? 샐리는 어떻게 지내?

MATER Oh she's fine. ❾_____ at the Cone, she misses ya. Well, shoot! We all do when you're ❿_____. 아 잘 지내지. 일하느라 바빠, 널 보고 싶어 하고. 아, 이런! 네가 떠나있을 때는 우리들은 모두 널 그리워한다고.

B | 다음 빈칸을 채워 문장을 완성해 보세요.

1 지난 금요일 이후로 무슨 일이 있었는지 누가 나에게 좀 설명해 주라.
_____ has happened since last Friday.

2 그동안 못 읽고 밀린 책들을 읽어야만 해.
I have to _____.

3 감기 걸렸어, 하지만 그것 빼고는 다 괜찮아.
I have a cold, _____, all is well.

4 와이파이가 안 되더라고요. 그것 빼고는 아주 잘 머물다 갑니다.
The Wi-Fi didn't work. _____, we had a great stay.

5 그 얘기 말고 다른 얘기 해 줘요.
Tell me a story _____.

Looking for Smokey

스모키를 찾아서

메이터와의 대화를 통해 닥 아저씨의 스승인 스모키를 찾아가는 것이 자신의 고민을 풀어줄 열쇠라고 믿게 된 맥퀸은 스모키를 찾아 나섭니다. 스모키가 죽었는지 살았는지도^{whether he is alive or not} 모르는 채로^{not knowing} 말이죠. 크루즈와 함께 예전 닥 아저씨가 훈련했다고 하는 토마스빌^{Thomasville}에 도착한 맥퀸은 환영인지^{hallucination} 현실인지 구분이 안 가^{cannot tell the difference} 몽환적인^{dreamlike} 분위기의 예전 모습 그대로의 토마스빌을 마주하게 됩니다. 스모키가 바로 거기에 있네요.

Warm Up! 오늘 배울 표현   오늘 등장하는 표현들입니다. 어떤 표현이 들어가야 할지 생각해 보세요.

*   Smokey's gonna be here? 스모키가 여기 있을 거라는 걸 어떻게 알죠?
*   ! 세워봐!
*   ! 후진!
*   , Doc. 반가워요. 닥 아저씨.
*   be looking for Smokey? 근데 우리 스모키를 찾으러 온 것 아니었나요?

CRUZ
크루즈

How do you know Smokey's gonna be here?❶

스모키가 여기 있을 거라는 걸 어떻게 알죠?

MCQUEEN
맥퀸

I don't.

몰라요.

CRUZ
크루즈

Oh. Do you...know if he's even alive?

오, 당신…그가 아직 살아는 있다고 생각하나요?

MCQUEEN
맥퀸

Nope.

아니요.

CRUZ
크루즈

Okay. So tell me this – how do you know if it's Smokey? Is there some...

알았어요. 그럼 말해 봐요 – 이게 스모키인 걸 어떻게 아시죠? 뭔가 좀…

MCQUEEN
맥퀸

Wait - Mack! **Pull over!**❷ **Back it up!**❸ Back it up!

잠깐 – 맥! 세워봐! 후진! 후진!

MCQUEEN
맥퀸

Good to see ya Doc.❹

반가워요, 닥 아저씨.

CRUZ
크루즈

Hey, isn't that your old crew chief?

저분이 당신의 옛 크루 대장님 아닌가요?

MCQUEEN
맥퀸

Hey Cruz. You wanna check out the home track of the greatest racer ever?

이봐요 크루즈. 역사상 가장 위대했던 레이서의 집에 있는 트랙을 한 번 보시겠어요?

CRUZ
크루즈

Aren't we supposed to be looking for Smokey?❺ Oh that's right, he's dead.

근데 우리 스모키를 찾으러 온 것 아니었나요? 아 참, 근데 그 사람은 죽었죠.

MCQUEEN
맥퀸

We don't know that.

아직 그건 몰라요.

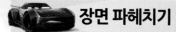

장면 파헤치기 구문 설명과 예문으로 이 장면의 핵심 표현을 완벽히 이해하세요.

❶ How do you know Smokey's gonna be here? 스모키가 여기 있을 거라는 걸 어떻게 알죠?

상대방에게 어떤 사실에 대해서 어떻게 알고 있느냐고 물을 때는 How do you know로 질문을 시작해요. 간략하게 How do you know? '어떻게 알았어?'라고 따로 쓸 수도 있고요. '그걸 어떻게 이미 알고 있었어?'라고 할 때는 do를 과거형으로 만들어서 How did you know?라고 하는데, 여기에서는 현재형에 초점을 맞춰서 패턴 연습을 해 볼게요.

★ 영화 속 패턴 익히기

❷ Pull over! 세워봐!

Pull은 '당기다'를 기본의미로 사용되는 동사이지만, 구어체에서는 자동차의 움직임을 묘사할 때 가장 많이 쓰이는 동사이기도 합니다. Pull 뒤에 따라오는 전치사를 바꿔주면서 움직임의 방향을 표현할 수 있는데, 예를 들어, pull over는 차를 정차하거나 다른 차가 지나가도록 '길 한쪽으로 빼다/대다'라는 뜻이고, pull up은 '가까이 붙여 세우라'는 뜻이랍니다. 또, pull out은 차를 주차장과 같은 특정 공간에서 빼낼 때 쓰고요.

* Tom **pulled over** and jumped out of the car. 톰은 차를 길 한쪽에 대놓고 차에서 뛰어내렸다.
* Let's **pull over** at the next gas station. 다음 주유소에서 차를 멈추자.

❸ Back it up! 후진!

Back up은 컴퓨터 용어로 '중요한 자료나 프로그램 등을 따로 복사해서 저장해 두다'라는 뜻으로 쓰이기도 하고 '누군가를 뒤에서 지원해주다', 또는 '물러서다'라는 뜻으로 쓰이기도 하죠. 그런데, 이 표현을 차와 관련해서 쓰게 되면 '후진하다'라는 뜻이 된답니다.

* **Back up a** little bit. 조금만 후진해.
* I'm going to **back the car up** to the loading dock. 차를 후진해서 짐 싣는 곳 쪽으로 갈게.

❹ Good to see ya, Doc. 반가워요, 닥 아저씨.

처음 만나는 사람에게 만나서 반갑다고 할 때는 (It's) nice to meet you 혹은 (It's) nice meeting you라고 하지만 처음 만난 사람의 경우뿐만 아니라 원래 알던 사람을 만나게 돼서 반갑다고 인사를 할 때는 (It's) good to see you라고 하는 경우가 많답니다.

* It was really **good to see you** again. 다시 만나서 정말 반가웠어.
* It's been a while, huh? It's so **good to see you**. 오랜만이네, 그지? 이렇게 보니까 너무 좋네.

❺ Aren't we supposed to be looking for Smokey? 근데 우리 스모키를 찾으러 온 것 아니었나요?

〈be동사 + supposed to〉는 '(원래) ~하기로 되어 있다'라는 의미로 쓰이는 숙어예요. 예를 들어, I'm supposed to study. '나 (원래) 지금 공부해야 하는데', She's supposed to come. '(원래) 그녀가 오기로 되어 있어' 이런 식으로 쓰이지요. supposed to 앞에는 꼭 be동사가 와야 한다는 것 유의하셔야 해요.

★ 영화 속 패턴 익히기

129

🎧 21-2.mp3

How do you know ~   ~한 걸 네가 어떻게 알아?

Step 1   기본 패턴 연습하기

1 **How do you know** if I want it or not? 내가 이걸 원하는지 안 원하는지 네가 어떻게 알아?

2 **How do you know** all that? 넌 그 모든 것을 어떻게 아니?

3 **How do you know** (that) she's not interested in you? 그녀가 너에게 관심이 없다는 걸 어떻게 아니?

4 _____ her phone number? 그녀의 전화번호를 넌 어떻게 아니?

5 _____ a guy likes you? 어떤 남자가 나를 좋아하는지 아닌지 어떻게 알죠?

Step 2   패턴 응용하기   How does he/she know ~

1 **How does he know** (that) I have a crush on him? 그는 내가 그에게 반했다는 것을 어떻게 알지?

2 **How does she know** (that) we are here? 우리가 여기 온 걸 그녀가 어떻게 알지?

3 **How does she know** so much about me? 그녀가 나에 대해서 어떻게 저렇게 많이 알지?

4 _____ (that) I'm older than him? 내가 자기보다 나이가 많다는 걸 그가 어떻게 알지?

5 _____ I am? 그녀가 내가 누군지 어떻게 아는 거지?

Step 3   실생활에 적용하기

A 네가 알고 있다는 사실을 내가 알고 있는 걸 넌 어떻게 알지?

B I don't know what you are talking about.

A 나도 못 알아듣겠어.

A How do you know I know you know?

B 무슨 말씀을 하시는 건지 도통 알아들을 수가 없네요.

A Neither do I.

정답   Step 1 4 How do you know 5 How do you know if   Step 2 4 How does he know 5 How does she know who

🎧 21-3.mp3

Aren't we supposed to ~   우리 (원래/지금) ~해야 하는 게 아니니?

Step 1 기본 패턴 연습하기

1 **Aren't we supposed to** be there now? 우리 지금 거기 있어야 하는 거 아니니?

2 **Aren't we supposed to** let him know that we are here?
우리가 여기에 왔다는 걸 그에게 알려야 하는 거 아니니?

3 **Aren't we supposed to** hand in the assignment by today? 과제물 오늘까지 제출해야 하는 거 아니니?

4 _____ better than them? 우리가 그들보다는 더 잘해야 하는 거 아니니?

5 _____ buy low and sell high? 원래 싸게 사서 비싸게 팔아야 하는 거 아니니?

Step 2 패턴 응용하기 | 주어 + be supposed to ~

1 **I'm supposed to** know all this. 원래 이 모든 것을 내가 알고 있어야 하는 건데.

2 **You are not supposed to** be here. 넌 원래 여기 있으면 안 돼.

3 **He's supposed to** be an expert. 그 사람이 원래 전문가여야 하는 건데.

4 _____ working now. 그녀는 원래 지금 일하고 있어야 하는 건데.

5 _____ be very easy. 이거 원래 굉장히 쉬워야 하는 건데.

Step 3 실생활에 적용하기

A Come on, let's go home.	A 자, 이제 집에 가자.
B 원래 우리가 그를 기다리기로 되어 있는 거 아닌가요?	B Aren't we supposed to be waiting for him?
A We have waited an hour already. I don't think he's coming.	A 이미 한 시간이나 기다렸잖아. 아무래도 안 올 것 같아.

정답 Step 1 4 Aren't we supposed to be 5 Aren't we supposed to Step 2 4 She's supposed to be 5 It's supposed to

A | 영화 속 대화를 완성해 보세요.

CRUZ ❶ .... Smokey's gonna be here?
스모키가 여기 있을 거라는 걸 어떻게 알죠?

MCQUEEN I don't. 몰라요.

CRUZ Oh. Do you...know if he's ❷ ....?
오. 당신…그가 아직 살아 있다고 생각하나요?

MCQUEEN Nope. 아니요.

CRUZ Okay. So tell me this – how do you know if it's Smokey? Is there some... 알았어요. 그럼 말해 봐요 – 이게 스모키인 걸 어떻게 아시죠? 뭔가 좀…

MCQUEEN Wait - Mack! ❸ ....! ❹ ....! Back it up! 잠깐 – 맥! 세워봐! 후진! 후진!

MCQUEEN ❺ .... Doc. 반가워요, 닥 아저씨.

CRUZ Hey, isn't that your old crew chief?
저분이 당신의 옛 크루 대장님 아닌가요?

MCQUEEN Hey Cruz. You wanna ❻ .... the home track of the greatest racer ever?
이봐요 크루즈, 역사상 가장 위대했던 레이서의 집에 있는 트랙을 한 번 보시겠어요?

CRUZ Aren't we supposed to be ❼ .... Smokey? Oh that's right, he's dead.
근데 우리 스모키를 찾으러 온 것 아니었나요? 아 참, 근데 그 사람은 죽었죠.

MCQUEEN We ❽ .... 아직 그건 몰라요.

B | 다음 빈칸을 채워 문장을 완성해 보세요.

1 그녀의 전화번호를 넌 어떻게 아니?

.... her phone number?

2 어떤 남자가 나를 좋아하는지 아닌지 어떻게 알죠?

.... a guy likes you?

3 그녀가 내가 누군지 어떻게 아는 거지?

.... I am?

4 우리가 그들보다는 더 잘해야 하는 거 아니니?

.... better than them?

5 넌 원래 여기 있으면 안 돼.

.... here.

The Biggest Racing Legends Ever
역사상 가장 위대한 전설의 레이서들

토마스빌에 도착하여 스모키를 만나게 된 맥퀸과 크루즈는 닥 아저씨의 친구들이자 전설 속의 레이서들인^{racing legends} 루이스 내쉬(Louise Nash), 리버 스콧(Rive Scott), 그리고 주니어 문(Jr. Moon)과 만나는 영광을^{honor} 누리게 되는군요. 너무 감격하여^{deeply moved} 이게 꿈인지 생시인지 믿기지 않을 정도예요.^{incredible} 그들과의 만남으로 맥퀸은 이미 온 세상을 다 얻은 것 같은 기분이네요. 왠지 이 전설 속의 위인들이 맥퀸의 재기를^{comeback} 도울 수 있을 것만 같은 기대감이^{expectations} 점점 커지네요.

Warm Up! 오늘 배울 표현 　오늘 등장하는 표현들입니다. 어떤 표현이 들어가야 할지 생각해 보세요.

* Well, 　　　　　. 아니 이거 놀랐는걸.
* 　　　　　 Lightning McQueen. 라이트닝 맥퀸이 아니신가!
* 　　　　　 a tough year, 　　　　　? 올해 많이 힘들었지, 안 그런가?
* Shouldn't you be runnin' practice laps in Florida 　　　　　? 원래 자네 지금 플로리다에서 연습 주행하고 있어야 하는 것 아니신가?
* 　　　　　, kid. 진실은 항상 더 빠른 법이라네. 애송이.

133

오디오 파일을 듣고 3번 따라 말해보세요.   🎧 22-1.mp3

MCQUEEN
맥퀸

Three of the biggest racing legends ever. Jr. "Midnight" Moon. River Scott. Louise "Barnstormer" Nash.
가장 위대한 전설 레이서 세 명. 주니어 "한밤중" 문. 리버 스콧. 루이스 "곡예비행가" 내쉬.

CRUZ
크루즈

Louise Barnstormer Nash. She had 38 wins.
루이스 곡예비행가 내쉬. 그녀는 우승을 38번이나 했어요.

LOUISE NASH
루이스 내쉬

Well, **as I live and breathe.**❶ **If it ain't** Lightning McQueen.❷
아니 이거 놀랐는걸. 라이트닝 맥퀸이 아니신가!

MCQUEEN
맥퀸

Ms. Nash, it's a pleasure to meet you–
내쉬 여사님. 당신을 만나다니 정말 기뻐요.

LOUISE NASH
루이스 내쉬

You've had a tough year, **haven't ya?**❸
올해 많이 힘들었지, 안 그런가?

MCQUEEN
맥퀸

Oh... uh... Well–
오…. 어…. 음–

RIVER SCOTT
리버 스콧

Shouldn't you be runnin' practice laps in Florida **by now?**❹
원래 지금 플로리다에서 연습 주행하고 있어야 하는 것 아니신가?

MCQUEEN
맥퀸

Yeah... Sure, but–
네… 맞아요. 근데–

JR. MOON
주니어 문

They're here to steal our secrets.
우리의 비밀을 훔치러 왔구먼.

RIVER SCOTT
리버 스콧

Lookin' for your lost mojo?
잃어버린 마법을 찾으려고?

MCQUEEN
맥퀸

You don't mince words around here, do you?
여기는 말할 때 다들 그렇게 돌직구를 날리시나 봐요?

SMOKEY
스모키

Truth is always quicker, kid.❺
진실은 항상 더 빠른 법이라네. 애송이.

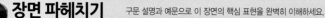
❶ Well, as I live and breathe. 아니 이거 놀랐는걸.

As I live and breathe는 '이거 놀랐는걸!'이라는 의미로 쓰이는 관용표현인데, 특히 누군가를 아주 오랜만에 만났을 때 '우와 이게 누군가!'와 같은 어감으로 쓰인답니다. 우리말로 '(숨 쉬며) 살다 보니 별일도 다 있네'라는 느낌과 비슷하다고 볼 수 있겠어요. 때에 따라서는 강조적으로 쓰이는 absolutely, definitely처럼 '절대로, 반드시, 결단코'라는 뜻으로 쓰인다는 것도 알아두세요.

* It's Jim Smith, **as I live and breathe**! 이게 누군가, 짐 스미스 아닌가!
* **As I live and breathe**, what is this? 아니 이런. 이게 도대체 뭐지?

❷ If it ain't Lightning McQueen. 라이트닝 맥퀸이 아니신가!

Ain't는 속어적 표현으로 'be동사 + not' 또는 'have + not'과 같은 의미예요. 힙합 음악 등에 주로 등장하는 어휘이지만 평상시에도 자주 듣게 되는 표현이기 때문에 꼭 알아 두세요. 〈If it ain't + (이름)〉 형식은 as I live and breathe와 거의 흡사한 표현으로 아주 오랜만에 반가운 사람을 만났을 때 '아니 이거 누구 아니신가!'라는 어감으로 쓰는 표현이에요.

* Look who it is. **If it ain't** Sherry. 이게 누구야. 셰리 아니신가!
* **If it ain't** Joe Lima. What are you doing here? 조 아니신가! 자네가 여긴 웬일이야?

❸ You've had a tough year, haven't ya? 올해 많이 힘들었지, 안 그런가?

〈You've + 과거분사〉로 시작하는 문장 끝에 부가의문문을 붙일 경우에는 'haven't you?' 형식으로 쓴답니다. 해석하면 '너 ~했구나, 그렇지 않니?'라는 의미가 되는데, 문법적인 설명으로 복잡하게 기억하기보다는 패턴으로 연습하는 것이 학습하기에 훨씬 더 효과적일 것 같으니 이 패턴을 활용해서 뒤에서 연습해 보도록 할게요.

★ 영화 속 패턴 익히기

❹ Shouldn't you be runnin' practice laps in Florida by now?
원래 자네 지금 플로리다에서 연습 주행하고 있어야 하는 것 아니신가?

By now는 '지금쯤이면, 지금쯤은 이미, 이제'라는 의미로 쓰이는 표현이고 문장의 끝에 따라옵니다. 그리고, by then은 '그때쯤이면, 그때쯤은 이미'라는 의미로 by now와 더불어 패턴으로 공부하면 좋겠습니다.

★ 영화 속 패턴 익히기

❺ Truth is always quicker, kid. 진실은 항상 더 빠른 법이라네. 애송이.

Truth is always quicker라는 표현은 관용적으로 많이 쓰이는 표현은 아닌데, 이 대화문에서는 문맥상 어떤 특별한 격언처럼 느껴지네요. 이 문장과 거의 비슷한 구조로 원래 관용적으로 많이 쓰이는 표현은 Truth is always bitter '진실은 항상 쓴 법이라네'인데요, 아마도 이 표현에 빗대어서 상황에 맞게 풍자하듯 쓴 것 같아요.

* **Truth is always bitter**. Accept it. 진실은 원래 쓴 법이야. 받아들여.
* **Truth is always bitter** and also quicker. 진실은 원래 쓴 것이고 (거짓말보다) 빠르지.

영화 속 패턴 익히기

오늘 배운 장면에서 뽑은 핵심 패턴으로 다양한 표현을 만들어 보세요.

🎧 22-2.mp3

You've had (or 과거분사) ~, haven't you? 너 ~ 했구나, 그렇지 않니?

Step 1 기본 패턴 연습하기

1 **You've had** a good time, **haven't you?** 즐거운 시간 보냈지, 안 그러니?

2 **You've had** a nightmare, **haven't you?** 너 악몽 꿨구나, 그렇지 않니?

3 **You've been** there, **haven't you?** 너 거기 가 봤지, 아니니?

4 _____ before, _____? 너 이거 해 봤지, 아냐?

5 _____ him everything, _____? 너 그에게 다 얘기했지, 그렇지 않아?

Step 2 패턴 응용하기   She/he's (has의 축약형) + had (or 과거분사) ~, hasn't he/she?

1 **She's grown, hasn't she?** 그녀가 컸네요, 그렇지 않나요?

2 **He's given** you a hard time, **hasn't he?** 그가 널 괴롭혔지, 안 그래?

3 **She's had** fun, **hasn't she?** 그녀가 재미있어했지, 안 그러니?

4 _____ had enough, _____? 그는 충분히 많이 참았어요, 안 그래요?

5 _____ left you, _____? 그녀가 널 떠났구나, 그렇지 않니?

Step 3 실생활에 적용하기

A 오늘 일진이 안 좋았구나, 안 그래? | A You've had a bad day, haven't you?

B How did you know that? | B 어떻게 알았어?

A 네 얼굴에 다 쓰여 있어. | A It's written all over your face.

정답 Step 1 4 You've done this / haven't you 5 You have told / haven't you Step 2 4 He's / hasn't he 5 She's / hasn't she

136

~ by now

지금쯤이면, 지금쯤은 이미, 이제

Step 1 기본 패턴 연습하기

1 He should be there **by now**. 지금쯤이면 그가 거기 도착했을 거야.

2 You should know it **by now**. 이제 너도 이 정도는 알아야지.

3 She was supposed to be here **by now**. 그녀가 지금쯤은 이미 여기 와 있어야 하는 건데.

4 If you don't _____, that means you don't care about me at all.
네가 아직도 나를 모른다면, 나에 대해 관심이 전혀 없다는 얘기네.

5 If you had told me last night, I would have _____.
네가 어젯밤에 얘기해 줬다면, 내가 지금쯤은 이미 끝냈을 텐데.

Step 2 패턴 응용하기 | ~ by then

1 He will have learned it **by then**. 그때쯤이면 그가 알게 되었을 거예요.

2 It will be over **by then**. 그때쯤이면 이미 끝났을 거예요.

3 Come back at 7. I'll be ready **by then**. 7시에 다시 오세요. 그때쯤엔 제가 준비되어 있을 거예요.

4 If we don't finish it _____, we are in big trouble. 그때까지 못 끝내면 정말 큰일 난다.

5 I'll be _____. 그때쯤엔 내가 없을 거야.

Step 3 실생활에 적용하기

A Can I call you around 10 pm?

B 그때쯤엔 내가 이미 잠들어 있을 거야.

A Okay, then I'll call you tomorrow morning.

A 밤 10시쯤 전화해도 되니?

B I will be asleep by then.

A 그래 그럼 내일 아침에 전화할게.

정답 Step 1 4 know me by now 5 done it by now Step 2 4 by then 5 gone by then

확인학습

문제를 풀며 오늘 배운 표현을 완벽히 내 것으로 만드세요.

A | 영화 속 대화를 완성해 보세요.

MCQUEEN Three of ❶_____ racing legends ever. Jr. "Midnight" Moon. River Scott. Louise "Barnstormer" Nash. 가장 위대한 전설 레이서 세 명. 주니어 "한밤중" 문. 리버 스콧. 루이스 "곡예비행가" 내쉬.

CRUZ Louise Barnstormer Nash. She had 38 wins. 루이스 곡예비행가 내쉬. 그녀는 우승을 38번이나 했어요.

LOUISE NASH Well, ❷_____. ❸_____ Lightning McQueen. 아니 이거 놀랐는걸. 라이트닝 맥퀸이 아니신가!

MCQUEEN Ms. Nash, it's a ❹_____ you– 내쉬 여사님. 당신을 만나다니 정말 기뻐요.

LOUISE NASH You've had a tough year, ❺_____? 올해 많이 힘들었지. 안 그런가?

MCQUEEN Oh... uh... Well– 오…. 어…. 음–

RIVER SCOTT Shouldn't you be runnin' practice laps in Florida ❻_____? 원래 지금 플로리다에서 연습 주행하고 있어야 하는 것 아니신가?

MCQUEEN Yeah... Sure, but– 네… 맞아요. 근데–

JR. MOON They're here to steal our secrets. 우리의 비밀을 훔치러 왔구먼.

RIVER SCOTT Lookin' for your lost mojo? 잃어버린 마법을 찾으려고?

MCQUEEN You don't mince words around here, ❼_____? 여기는 말할 때 다들 그렇게 돌직구를 날리시나 봐요?

SMOKEY ❽_____, kid. 진실은 항상 더 빠른 법이라네. 애송이.

B | 다음 빈칸을 채워 문장을 완성해 보세요.

1 너 악몽 꿨구나, 그렇지 않니?
_____ a nightmare, _____?

2 너 이거 해 봤지. 아냐?
_____ before, _____?

3 그가 널 괴롭혔지. 안 그래?
_____ you a hard time, _____?

4 지금쯤이면 그가 거기 도착했을 거야.
He should _____.

5 그때쯤엔 내가 없을 거야.
I'll be _____.

The Truth about Doc

닥 아저씨에 관한 진실

닥 아저씨의 과거에^{his past} 대해 이야기하던 중, 스모키는 그동안 맥퀸이 모르고 있던 닥 아저씨에 관한 사실 하나를 이야기해 주네요. 닥 아저씨가 맥퀸을 얼마나 아끼고 사랑했었는지 그리고 그의 생전에^{when he was alive} 맥퀸에게는 말하지 않았지만, 그가 맥퀸을 자신의 후계자로^{successor} 키우는 것을 자신의 운명으로^{destiny} 여겼다는 사실을 말이에요. 맥퀸은 닥 아저씨가 과거를 잊지 못하고 회한에 빠져^{become remorseful} 세상을 원망하며 꿈을 잃은 채로 살다가 간 줄 알았는데 알고 보니 그게 아니었네요. 그에겐 새로운 꿈과 희망이 있었던 것이었어요.

Warm Up! 오늘 배울 표현 오늘 등장하는 표현들입니다. 어떤 표현이 들어가야 할지 생각해 보세요.

* _____. 그게 전부예요.

* _____ if I lose in Florida, it's over for me.
내가 아는 것의 전부는 플로리다에서 지면, 난 이제 끝장이라는 거예요.

* _____ think? 그렇게 생각하나?

* He _____. 그는 세상과의 소통을 단절했지.

* _____ was about you. 그 모든 편지는 하나도 빠짐없이 자네와 관련된 것이었다네.

MCQUEEN
맥퀸

I need your help, Smokey.

당신의 도움이 필요해요, 스모키.

SMOKEY
스모키

Yeah? What kind of help?

그래? 어떤 도움?

MCQUEEN
맥퀸

That's just it.❶ I'm not sure. **All I know is** if I lose in Florida, it's over for me.❷ What happened to Doc will happen to me.

그게 전부예요. 저도 확실하진 않아요. 내가 아는 것의 전부는 플로리다에서 지면, 난 이세 끝장이라는 거예요. 닥에게 일어났던 일이 제게도 일어날 것이에요.

SMOKEY
스모키

What did happen to him?

그에게 무슨 일이 일어났는데?

MCQUEEN
맥퀸

You know. Racing was the best part of his life. And when it ended he... well we both know he was never the same after that.

아시잖아요. 레이싱이 그의 삶에 최고의 것이었다는 것을 말이에요. 그리고 그것이 끝나버린 후엔… 당신도 알고 저도 알지만 그의 인생이 많이 바뀌었잖아요.

SMOKEY
스모키

Is that what you think?❸

그렇게 생각하나?

SMOKEY
스모키

Come on, I wanna show you somethin'.

이리 와보게. 내 자네에게 보여 줄 게 있네.

SMOKEY
스모키

You got the first part right. The crash broke Hud's body, and the no-more-racing broke his heart. He **cut himself off.**❹ Disappeared to Radiator Springs... Son of a gun didn't talk to me for fifty years.

앞부분은 자네가 제대로 봤네. 사고로 허드의 몸이 망가졌지. 그리고 더 이상 레이싱을 할 수 없다는 사실 때문에 그는 상심했어. 그는 세상과의 소통을 단절했지. 레이디에이터 스프링스로 숨어버렸지… 못된 녀석이 나에게 50년간 연락을 안 했어.

SMOKEY
스모키

But then one day, the letters started comin' in. And **every last one of 'em** was about you.❺

하지만 어느 날, 편지가 오기 시작했어. 그리고 그 모든 편지는 하나도 빠짐없이 자네와 관련된 것이었다네.

140

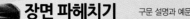
❶ That's just it. 그게 전부예요.

이야기를 마친 후 '그게 전부예요'라고 할 때, That's it!이라고 하죠. 그런데 그것을 조금 더 강조할 때는 That's just it!이라고 할 수도 있답니다. 어떤 일에 대한 이유 또는 사유에 대해서 이야기할 때 '(다른 이유는 없고) 그냥 그것 때문이에요'라고 대답할 때도 쓰고, 또한 상대방의 말을 받아서 '내가 말하고/하고 싶은 게 바로 그거야/그게 핵심이야'라고 할 때도 쓰지요.

* I just don't want to do it. **That's just it.** 그냥 하고 싶지 않아서 그래요. 그게 전부예요.
* Right on! **That's just it,** Sandy. 그래 맞아서. (내 말이) 바로 그거야, 샌디.

❷ All I know is if I lose in Florida, it's over for me.
내가 아는 것의 전부는 플로리다에서 지면, 난 이제 끝장이라는 거예요.

'All I know is ~'는 '(다른 것은 모르겠고) 내가 아는 것은 ~라는 것뿐이야 / 내가 아는 것의 전부는 ~뿐이야'라는 의미의 표현이에요. 동사만 바꿔서 All I want is ~ '내가 원하는 것은 ~뿐이야', all I need is ~ '내게 필요한 것은 ~뿐이야' 등으로 활용해 보세요. 일상적으로 아주 많이 쓰는 패턴이니만큼 정말 유용하게 쓸 수 있을 거예요.

★영화속패턴 알맹미

❸ Is that what you think? 그렇게 생각하나?

〈Is that what you + 동사〉 패턴은 Is that what you think? '그게 네가 생각하는 것이니?', Is that what you want? '그게 네가 원하는 것이니?', Is that what you need? '그게 네가 필요로 하는 것이니?' 등으로 동사를 바꿔 활용할 수 있어요.

★영화속패턴 알맹미

❹ He cut himself off. 그는 세상과의 소통을 단절했지.

Cut something/someone off는 '~을 잘라내다/차단하다/가로막다'라는 의미로 쓰이는 숙어예요. 위 대화문에서는 스스로 세상과의 관계/소통을 차단했다는 의미로 쓰인 것이지요.

* Aron had his toe **cut off** in an accident. 아론은 사고로 그의 발가락이 잘렸다.
* Don't **cut yourself off** from everyone. 자신을 사람들과의 관계로부터 단절하지 말아라.

❺ Every last one of 'em was about you. 그 모든 편지는 하나도 빠짐없이 자네와 관련된 것이었다네.

One of them은 '그들 중의 하나'이고 그 앞에 every를 넣어서 every one of them이라고 하면 '(하나/한 명의 예외도 없이) 그들 모두/전부'라는 의미예요. 그런데 중간에 last를 넣어서 every last one of them이라고 하면 every one of them의 강조용법으로 '그중 단 하나의 예외도 없이 전부/모두'라는 뜻이 된답니다. 같은 의미로 every single one of them이라고 써도 좋아요.

* **Every last one of them** was gone. 그들 중 단 한 명도 빠지지 않고 모두 다 사라졌지.
* I had eaten **every last one of them.** 내가 단 하나도 빠지지 않고 전부 다 먹어버렸어.

🎧 23-2.mp3

All I know is (that절) ~   내가 아는 건 ~뿐이야.

Step 1   기본 패턴 연습하기

1   **All I know is** this.   내가 아는 건 이것뿐이야.

2   **All I know is** that I know nothing.   내가 아는 건 내가 아무것도 모른다는 사실뿐이야.

3   **All I know is** that no one wants me anymore.   내가 아는 건 더 이상 아무도 날 원하지 않는다는 사실뿐이야.

4   ----------------- that she is not Korean.   내가 아는 건 그녀가 한국 사람이 아니라는 것뿐이야.

5   -----------------, if I were you, I wouldn't call him back.
내가 아는 건, 만약 내가 너라면 난 그에게 다시 전화 안 했을 거라는 거야.

Step 2   패턴 응용하기 | All I want is ~

1   **All I want is** love.   내가 원하는 건 사랑뿐이야.

2   **All I want is** a little respect.   내가 원하는 건 조금의 존중뿐이야.

3   **All I want is** just to be myself.   내가 원하는 건 나 자신이 되는 것뿐이야.

4   ----------------- just to be happy.   내가 원하는 건 행복뿐이야.

5   ----------------- bit of understanding.   내가 원하는 건 조금만 이해해줬으면 하는 것뿐이야.

Step 3   실생활에 적용하기

A   What do you know about him?

B   내가 아는 것은 그가 가수라는 것뿐이에요.

A   I know that much.

A   그에 대해서 뭘 알고 있나?

B   All I know is that he is a singer.

A   그 정도는 나도 알아.

정답   Step 1   4 All I know is   5 All I know is that   Step 2   4 All I want is   5 All I want is a little

142

Is that what you + (조동사) + 동사

네가 ~하는 게 그거니?

Step 1　기본 패턴 연습하기

1 **Is that what you** need? 네가 필요한 게 그거니?

2 **Is that what you** want to do? 네가 하고 싶은 게 그거니?

3 **Is that what you** want to tell me? 네가 나에게 하고 싶은 말이 그거니?

4 ---------------------------- you meant? 네가 의도했던 말이 그거니?

5 ---------------------------- call it? 이걸 그렇게 부르니?

Step 2　패턴 응용하기　Is that what + 주어 + (조동사) + 동사

1 **Is that what** she told you? 그게 그녀가 너에게 해준 말이니?

2 **Is that what** he thinks? 그가 생각하는 게 그거니?

3 **Is that what** they say? 그들이 그렇게 말하니?

4 ---------------------------- are getting? 우리가 받게 될게 그거야?

5 ---------------------------- think it is? 이거 내가 생각하는 그거 맞아?

Step 3　실생활에 적용하기

A I want more allowance money.

B 네가 원하는 게 그거니?

A And also no curfew.

A 용돈 더 받고 싶어요.

B Is that what you want?

A 그리고 통금도 없애 주세요.

정답　Step 1　4 Is that what　5 Is that what you　Step 2　4 Is that what we　5 Is that what I

A | 영화 속 대화를 완성해 보세요.

MCQUEEN ❶_____, Smokey. 당신의 도움이 필요해요. 스모키.

SMOKEY Yeah? What kind of help? 그래? 어떤 도움?

MCQUEEN ❷_____. I'm not sure. ❸_____ is if I lose in Florida, it's over for me. What happened to Doc will happen to me.
그게 전부예요. 저도 확실하진 않아요. 내가 아는 것의 전부는 플로리다에서 지면, 난 이제 끝장이라는 거예요. 닥에게 일어났던 일이 제게도 일어날 것이에요.

SMOKEY ❹_____ to him? 그에게 무슨 일이 일어났는데?

MCQUEEN You know. Racing was ❺_____ of his life. And when it ended he... well we both know he was never ❻_____.
아시잖아요. 레이싱이 그의 삶에 최고의 것이었다는 것을 말이에요. 그리고 그것이 끝나버린 후엔… 당신도 알고 저도 알지만 그의 인생이 많이 바뀌었잖아요.

SMOKEY Is that ❼_____? 그렇게 생각하나?

SMOKEY Come on, I wanna show you somethin'.
이리 와보게, 내 자네에게 보여 줄 게 있네.

SMOKEY You got the first part right. The crash broke Hud's body, and the no-more-racing broke his heart. He ❽_____. Disappeared to Radiator Springs... Son of a gun didn't talk to me for fifty years.
앞부분은 자네가 제대로 봤네. 사고로 허드의 몸이 망가졌고, 그리고 더 이상 레이싱을 할 수 없다는 사실 때문에 그는 상심했어. 그는 세상과의 소통을 단절했지. 레디에이터 스프링스로 숨어버렸지… 못된 녀석이 나에게 50년간 연락을 안 했어.

SMOKEY But then one day, the letters started comin' in. And ❾_____ was about you. 하지만 어느 날, 편지가 오기 시작했어. 그리고 그 모든 편지는 하나도 빠짐없이 자네와 관련된 것이었다네.

정답 A

❶ I need your help
❷ That's just it
❸ All I know
❹ What did happen
❺ the best part
❻ the same after that
❼ what you think
❽ cut himself off
❾ every last one of 'em

B | 다음 빈칸을 채워 문장을 완성해 보세요.

1 내가 아는 건 그녀가 한국 사람이 아니라는 것뿐이야.
_____ that she is not Korean.

2 내가 원하는 건 사랑뿐이야.
_____ love.

3 내가 원하는 건 행복뿐이야.
_____ to be happy.

4 네가 하고 싶은 게 그거니?
_____ want to do?

5 그게 그녀가 너에게 해준 말이니?
_____ told you?

정답 B

1 All I know is
2 All I want is
3 All I want is just
4 Is that what you
5 Is that what she

Cruz, a Sparring Partner
스파링 상대, 크루즈

스모키는 잭슨 스톰을 이기기 위한 훈련방법으로^{a training method} 맥퀸에게 스파링 파트너와^{a sparring partner} 함께 훈련하는 것을 제안합니다^{suggest}. 그 스파링 파트너는 다름 아닌 크루즈예요. 이제부터 크루즈와 맥퀸의 스파링이 시작되는데, 크루즈가 절대 만만한 상대가^{a pushover} 아니에요. 맥퀸이 생각보다 많이 고전하는데^{struggle}, 힘이 들면 들수록 그는 알게 모르게 점점 발전하고^{make progress} 있는 것이에요. 과연 그가 잭슨 스톰을 이길 수 있을 정도로까지 실력을 키울 수 있을지는 앞으로 두고 봐야 하겠죠^{we have to see about that}.

 **Warm Up!** 오늘 배울 표현 　오늘 등장하는 표현들입니다. 어떤 표현이 들어가야 할지 생각해 보세요.

* _____ sure. 글쎄 좀 그렇네요.
* _____ gun it. 한 번 달려봐.
* _____, McQueen. 넌 이제 끝났어, 맥퀸.
* Get that arthritis riddled keister onto that track so I can put you into the old folks home _____! 그 관절염으로 구멍 숭숭 뚫린 엉덩이를 트랙에 올려봐 네가 원하지 않는 노인네들 집으로 보내줄 테니.
* _____. 그 정도면 되겠군.

바로 이 장면! 오디오 파일을 듣고 3번 따라 말해보세요.

SMOKEY
스모키
You wanna beat Jackson Storm, you need someone to stand in for him – like a sparring partner.
잭슨 스톰을 이기고 싶다면 누군가 그의 역할을 해 줄 사람이 필요해 – 스파링 상대 같은 것 말이야.

LOUISE NASH, RIVER SCOTT, JR MOON   Alright! Lookin' good! Okay! Nice job!
루이스 내쉬, 리버 스콧, 주니어 문   좋아! 보기 좋다고! 그래! 잘했어!

CRUZ
크루즈
I'm not so sure. ❶ Not a racer, just a trainer...
글쎄 좀 그렇네요. 난 레이서가 아니라 그냥 트레이너인데…

SMOKEY
스모키
Go ahead and gun it. ❷
한 번 달려봐.

CRUZ
크루즈
Whoah! Ya!
우워! 예!

SMOKEY
스모키
With no muffler ya even sound like Storm!
머플러가 없으니 소리까지도 스톰 같네!

CRUZ
크루즈
You're goin' DOWN, McQueen. ❸ Get that arthritis riddled keister onto that track so I can put you into the old folks home **against your will!** ❹
넌 이제 끝났어, 맥퀸. 그 관절염으로 구멍 숭숭 뚫린 엉덩이를 트랙에 올려봐. 네가 원하지 않는 노인네들 집으로 보내줄 테니!

CRUZ
크루즈
How was that?
맛이 어때요?

MCQUEEN
맥퀸
That'll work. ❺
그 정도면 되겠군.

LOUISE NASH
루이즈 내쉬
Worked for me.
난 좋은데.

RIVER SCOTT
리버 스콧
I'm good.
나도.

JR. MOON
주니어 문
Yep. That'll do.
응. 그 정도면 충분해.

RIVER SCOTT
리버 스콧
Did you hear what she said?
쟤가 한 말 들었어?

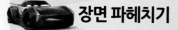

장면 파헤치기 구문 설명과 예문으로 이 장면의 핵심 표현을 완벽히 이해하세요.

❶ I'm not so sure. 글쎄 좀 그렇네요.

내 마음이 별로/그다지 당기지 않을 때, 별로 내키지 않을 때 〈I'm not so + 형용사〉를 써 주세요. 위에서처럼 별로 확신이 생기지 않거나 내키지 않을 때 쓰는 표현은 I'm not so sure.인데 패턴으로 많이 활용해 주시면 좋겠어요.

★ 영화 속 패턴 익히기

❷ Go ahead and gun it. 한 번 달려봐.

Go ahead의 사전적인 의미는 '(다른 사람들보다) 앞서가다/도착하다'인데 실제로는 상대방에게 어떤 행동을 종용하면서 '어서/그래 해라'라는 의미로 더 많이 쓰이죠. 그런데 이 go ahead 뒤에 and를 넣고 동사를 붙여주면 '어서/그래 ~을 해라'라는 의미로 쓸 수 있답니다. 예를 들어, Go ahead and say it. 이라고 하면 '그래 어서 (머뭇거리지 말고) 말해라' 이렇게 말이에요. 패턴문장으로 더 연습해 볼게요.

★ 영화 속 패턴 익히기

❸ You're goin' down, McQueen. 넌 이제 끝났어, 맥퀸.

You're going down!은 시합이나 경쟁 등에서 상대방에게 윽박지르는 말로 쓰는 표현이에요. '넌 이제 죽었어/끝났어!'와 같은 어감이에요. 같은 상황에서 You're so dead!라고 할 수도 있어요.

* I'm going to teach you a lesson. **You're going down**, man! 내가 한 수 가르쳐 주지. 넌 이제 끝장이야, 자식아!
* You messed with the wrong guy. **You're going down!** 사람 잘못 건드렸어. 넌 이제 끝이야!

❹ Get that arthritis riddled keister onto that track so I can put you into the old folks home against your will! 그 관절염으로 구멍 숭숭 뚫린 엉덩이를 트랙에 올려봐, 네가 원하지 않는 노인네들 집으로 보내줄 테니!

Against one's will은 '본의 아니게/마지 못하여'라는 뜻이에요. 자신의 의지와는 상관없이 혹은 자신의 의지에 반하여 어떤 일이 벌어질 때 쓸 수 있는 표현이랍니다.

* No one can force me to leave **against my will**. 그 누구도 내가 원하지 않는데 억지로 날 나가게 할 수는 없는 거야.
* I stepped on Peggy's foot **against my will**. 본의 아니게 페기의 발을 밟았어.

❺ That'll work. 그 정도면 되겠군.

Work가 '(원하는) 효과가 나다/있다'의 의미로 쓰인 경우예요. 이 문장은 상대방이 어떤 아이디어를 내거나 제의를 했을 때 '그 정도면 되겠다/그거 좋겠다/그거 효과 있겠다'라고 대답할 때 쓰는 표현이에요. 비슷한 상황에서 That'll do!라는 표현을 써도 좋아요.

* A: How about going together? 우리가 같이 가면 어떨까?
* B: **That'll work.** 그러면 되겠네.

오늘 배운 장면에서 뽑은 핵심 패턴으로 다양한 표현을 만들어 보세요.

🎧 24-2.mp3

I'm not so + 형용사

글쎄 난 썩/별로 ~하지 않아.

Step 1 기본 패턴 연습하기

1 **I'm not so** positive about that. 글쎄 난 별로 확실하지는 않아.

2 **I'm not so** confident. 글쎄 별로 자신이 없네.

3 **I'm not so** convinced. 글쎄 별로 확 와 닿지를 않네.

4 ----------------------------- interested in politics. 난 정치는 별로 관심이 없어.

5 ----------------------------- . 글쎄 별로 그렇게 배고프지가 않네.

Step 2 패턴 응용하기 | I'm not really + 형용사

1 **I'm not really** sure about that. 글쎄 그렇게 확신이 안 서네.

2 **I'm not really** concerned about that. 글쎄 그건 그렇게 걱정이 안 되네.

3 **I'm not really** attracted to anyone. 글쎄 별로 누군가에게 끌리질 않네.

4 ----------------------------- awake yet. 아직 내가 좀 덜 깬 것 같네.

5 ----------------------------- . 글쎄 별로 그렇게 긴장되진 않네.

Step 3 실생활에 적용하기

A Are you worried about the contest tomorrow?

B 그건 뭐 별로 그렇게 걱정이 안 되네. I'm just nervous about my big date with Sonya tonight.

A Don't be nervous. You are going to have a great time.

A 내일 있을 대회 때문에 걱정되니?

B I'm not so worried about that. 오늘 밤에 소냐하고 드디어 데이트하기로 해서 긴장이 될 뿐.

A 긴장하지 마. 완전 재미있을 거야.

정답 Step 1 4 I'm not so 5 I'm not so hungry Step 2 4 I'm not really 5 I'm not really nervous

Go ahead and + 동사

(어떤 행동을 종용하며) 어서/그래 ~해라.

Step 1 기본 패턴 연습하기

1 **Go ahead and** say it. 그래 말하렴.

2 **Go ahead and** try it on. 어서 입어봐.

3 **Go ahead and** hug me. 그래 날 안아주렴.

4 .... the news. 그래 새로운 소식을 터뜨려봐.

5 .... break my heart. 그래 어서 내 마음에 상처를 내봐라.

Step 2 패턴 응용하기 | Why don't you go ahead and + 동사

1 **Why don't you go ahead and** do something about it? 어서 그것에 대해서 뭔가 하지 그래?

2 **Why don't you go ahead and** take a look? 그래 한번 보시는 게 어때요?

3 **Why don't you go ahead and** make the call? 그래 한번 전화해 보는 게 어때?

4 .... her a ride home? 그래 그녀를 집에 바래다주는 게 어때?

5 .... take a bite? 어서 한 입만 먹어 봐요.

Step 3 실생활에 적용하기

A I have something important to tell you.

B 어서 말해봐.

A Not in public.

A 너한테 중요하게 해 줄 말이 있어.

B Go ahead and tell me.

A 보는 눈이 많아서 지금은 안 돼.

정답 Step 1 4 Go ahead and break 5 Go ahead and   Step 2 4 Why don't you go ahead and give 5 Why don't you go ahead and

A | 영화 속 대화를 완성해 보세요.

SMOKEY You wanna beat Jackson Storm, you need someone ❶_____ him – like a sparring partner.
잭슨 스톰을 이기고 싶다면 누군가 그의 역할을 해 줄 사람이 필요해 – 스파링 상대 같은 것 말이야.

LOUISE NASH, RIVER SCOTT, JR MOON Alright! Lookin' good! Okay! ❷_____! 좋아! 보기 좋다고! 그래! 잘했어!

CRUZ I'm ❸_____. Not a racer, just a trainer... 글쎄 좀 그렇네요. 난 레이서가 아니라 그냥 트레이너인데…

SMOKEY ❹_____ gun it. 한 번 달려봐.

CRUZ Whoah! Ya! 우워! 예!

SMOKEY With no muffler ya even ❺_____ Storm! 머플러가 없으니 소리까지도 스톰 같네!

CRUZ ❻_____, McQueen. Get that arthritis riddled keister onto that track so I can put you into the old folks home ❼_____!
넌 이제 끝났어, 맥퀸. 그 관절염으로 구멍 숭숭 뚫린 엉덩이를 트랙에 올려봐, 네가 원하지 않는 노인네들 집으로 보내줄 테니.

CRUZ How was that? 맛이 어때요?

MCQUEEN ❽_____. 그 정도면 되겠군.

LOUISE NASH Worked for me. 난 좋은데.

RIVER SCOTT ❾_____. 나도.

JR. MOON Yep. ❿_____. 응. 그 정도면 충분해.

RIVER SCOTT Did you hear what she said? 쟤가 한 말 들었어?

B | 다음 빈칸을 채워 문장을 완성해 보세요.

1 글쎄 별로 그렇게 배고프지가 않네.
_____.

2 글쎄 별로 그렇게 긴장되진 않네
_____.

3 그래 말하렴.
_____ say it.

4 어서 입어봐.
_____ it on.

5 그래 한번 보시는 게 어때요?
_____ a look?

The Old, Rickety, and Dilapidated McQueen

늙고 금방이라도 부서지고 허물어질 것 같은 맥퀸

스모키는 맥퀸에게 무작정^{thoughtlessly} 빨리만 달리려고 해서는 스톰의 스피드를 이길 수 없을 것이라고 합니다. 이제 노쇠한^{old and feeble} 자신의 현실을 받아들이라고 하면서 닥 아저씨의 필살기를^{lethal technique} 전수해 주네요. 상황에 맞는 작전으로^{strategy} 상대방을 따돌릴 수 있는 고난도의^{advanced} 기술을 말이에요. 스모키뿐만 아니라 전설 속 레이서들 모두 그의 훈련에 동참해서 그를 돕고 있어요. 맥퀸은 자꾸 늙었다고 놀리는 듯한 말에 기분이 상하긴 하지만^{be offended} 자존심을 내려놓고 오직 대회에서 우승하는 것에만 전념합니다^{concentrate}.

Warm Up! 오늘 배울 표현   오늘 등장하는 표현들입니다. 어떤 표현이 들어가야 할지 생각해 보세요.

* Hud was   letting the other cars do the work for him.
  허드는 다른 차들이 그의 작전에 말려들어 그를 위해 움직이게 하는데 도사였어.

* He used to say   'em like you was two June bugs on a summer night.
  그는 이렇게 말하곤 했지. 마치 네가 한여름 밤의 풍뎅이 두 마리가 된 것처럼 그들에게 달라붙어라.

* He   me!   그거 원래 내가 한 말인데 걔가 훔쳐간 거야!

*   fast – now you're slow.   그래, 그건 네가 빨랐기 때문에 그런 거지 – 근데 이젠 느리잖아.

*   has to look for opportunities you never knew were there.
  이제 새롭게 태어난 자네는 그동안 존재하는지도 몰랐던 그런 기회를 찾아야만 한다네.

SMOKEY
스모키

Hud was **a master of** letting the other cars do the work for him.❶
허드는 다른 차들이 그의 작전에 말려들어 그를 위해 움직이게 하는데 도사였어.

RIVER SCOTT
리버 스콧

He used to say **cling to** 'em like you was two June bugs on a summer night.❷
그는 이렇게 말하곤 했지, 마치 네가 한여름 밤의 풍뎅이 두 마리가 된 것처럼 그들에게 달라붙어라.

JR. MOON
주니어 문

He **stole that from** me!❸
그거 원래 내가 한 말인데 걔가 훔쳐간 거야!

MCQUEEN
맥퀸

Drafting? I've never had to do that.
드래프팅? 전 그걸 해야만 하는 상황을 접해 본 적은 없었어요.

SMOKEY
스모키

Yeah, **that's when you were** fast – now you're slow.❹
그래, 그건 네가 빨랐기 때문에 그런 거지 – 근데 이젠 느리잖아.

RIVER SCOTT
리버 스콧

And old.
늙었고.

LOUISE NASH
루이스 내쉬

And rickety.
금방 부서질 것 같고.

JR. MOON
주니어 문

And dilapidated.
노후 돼서 허물어져 가고 있고.

MCQUEEN
맥퀸

Okay, okay! I get it.
알았어요 알았다고요! 무슨 말인지 안다고요.

SMOKEY
스모키

The new you has to look for opportunities you never knew were there.❺
이제 새롭게 태어난 자네는 그동안 존재하는지도 몰랐던 그런 기회를 찾아야만 한다네.

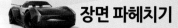

❶ Hud was a master of letting the other cars do the work for him.
허드는 다른 차들이 그의 작전에 말려들어 그를 위해 움직이게 하는데 도사였어.

Master는 예전에는 '(하인, 종의) 주인'이라는 뜻으로 많이 쓰였지만, 요즘엔 '~에 통달한 사람/달인/명인' 정도가 되겠어요. 그래서, a master of something이라고 하면 '~의 달인/명수'라는 뜻이 되는 것이고요. 참고로, '~(분야)의 전문가'라고 할 때는 an expert on (상황에 따라서는 때때로 in을 쓰기도 해요). 이 두 표현으로 패턴 활용을 해 볼게요.

★ 영화 속 패턴 익히기

❷ He used to say cling to 'em like you was two June bugs on a summer night.
그는 이렇게 말하곤 했지, 마치 네가 한여름 밤의 풍뎅이 두 마리가 된 것처럼 그들에게 달라붙어라.

Cling은 나뭇가지나 누군가의 바짓가랑이를 잡듯이 잡을 때처럼 '꼭 붙잡다, 매달리다, 달라붙다'라는 의미로 쓰이는 동사예요. 보통은 이 단어 뒤에 전치사 to가 따라오고 그 뒤에 명사를 넣어서 '~에 매달리다, 달라붙다'라는 의미로 많이 쓴답니다. 문맥에 따라서는 '~에 얽매이다, 연연하다, 미련을 못 버리다'라는 의미로 쓰이기도 해요.

* My children love me and just **cling to** me all the time. 우리 아이들은 나를 너무 사랑해서 맨날 나한테 달라붙어요.
* Don't **cling to** your past! 과거에 연연하지 말아라!

❸ He stole that from me! 그거 원래 내가 한 말인데 걔가 훔쳐간 거야!

Steal something from someone은 '~에게서 ~을 훔치다'라는 의미예요. 누군가의 물건을 훔치거나 아이디어를 훔치는 경우에 많이 쓰이지요.

* The rich shouldn't **steal from** the poor. 부자들이 가난한 사람들의 것을 훔치면 안 된다.
* He **stole ideas from** others. 그가 다른 이들의 아이디어를 훔쳤어.

❹ That's when you were fast – now you're slow. 그건 네가 빨랐기 때문에 그런 거지 – 근데 이젠 느리잖아.

상대방이 자신의 왕년에 잘 나갔던 시절에 대해서 자랑을 늘어놓을 때 찬물을 끼얹거나 면박을 주면서 '그건 네가 ~때 얘기잖아'라고 할 때 쓰는 표현이에요. 상대방이 무안해할 수 있으니 상황 봐 가면서 쓰세요.

★ 영화 속 패턴 익히기

❺ The new you has to look for opportunities you never knew were there.
이제 새롭게 태어난 자네는 그동안 존재하는지도 몰랐던 그런 기회를 찾아야만 한다네.

지금과 같은 문맥에서는 〈The new + me/you 혹은 사람 이름〉은 '(과거의 모습이 아닌) 다시 새롭게 등장한/새롭게 태어난'이라는 의미로 쓸 수 있어요.

* **The new me** is very different from the old me. 새로워진 나는 예전의 나와 많이 달라.
* **The new Wayne** is happier than the old Wayne. 새롭게 태어난 웨인은 예전의 자신보다 행복해.

🎧 25-2.mp3

주어 + be동사 + a master of + (동)명사구 ~는 ~하는데 도사/달인이다.

Step 1 기본 패턴 연습하기

1 He's **a master of** disguise. 그는 변장의 달인이다.

2 You are **a master of** telling jokes. 넌 재미있는 농담을 하는 데는 도사야.

3 People say I'm **a master of** ventriloquism. 사람들이 나보고 복화술의 달인이라고 해.

4 The word on the street is that _____.
소문에 의하면 당신이 마술의 달인이라던데.

5 Gwen _____ motivation. 그웬은 동기부여 분야에서는 최고다.

Step 2 패턴 응용하기 　주어 + be동사 + an expert on + 명사구

1 I'm **an expert on** teaching English. 난 영어 가르치는 일에 전문가야.

2 She's **an expert on** Korean cuisine. 그녀는 한국요리 전문가야.

3 He's **an expert on** American pop music. 그는 미국 대중음악 전문가야.

4 TJ _____ relationships. TJ는 관계 전문가야.

5 My grandfather is _____ the history of philosophy.
우리 할아버지는 철학의 역사 전문가야.

Step 3 실생활에 적용하기

A Wow, you are so good at doing impressions of celebrities.

B 사람들이 나보고 흉내의 달인이라고 하더라고.

A You truly are.

A 와, 너 유명인 흉내 진짜 잘 낸다.

B People say I'm a master of doing impressions.

A 정말 그렇네.

정답　Step 1 4 you are a master of magic　5 is a master of　Step 2 4 is an expert on　5 an expert on

154

That's when you were ~

그건 네가 ~했을 때지 (그때 얘기지)

Step 1 기본 패턴 연습하기

1 **That's when you were** in high school. 그건 네가 고등학교 다닐 때지.

2 **That's when you were** going out with me. 그건 네가 나랑 사귈 때 얘기지.

3 **That's when you were** in your 20s. 그건 네가 20대 때 얘기지.

4 _____. 그건 네가 인기 있을 때 얘기지.

5 _____ flexible. 그건 네가 몸이 유연했을 때 얘기지.

Step 2 패턴 응용하기   That's when he/she was ~

1 **That's when he was** my friend. 그건 그가 내 친구였을 때 얘기야.

2 **That's when she was** much younger than now. 그건 그녀가 지금보다 훨씬 젊었을 때지.

3 **That's when he was** naive. 그건 그가 순진했을 때 얘기지.

4 _____ me. 그건 그녀가 나에게 화가 났을 때 얘기지.

5 _____ at his best. 그건 그가 최고로 잘할 때 얘기지.

Step 3 실생활에 적용하기

A I used to be able to dunk easily.

A 옛날에는 쉽게 덩크를 했었는데.

B 그건 네 대학 시절 때 얘기잖아.

B That's when you were in college.

A I wish I could go back in time.

A 과거로 돌아갈 수 있다면 얼마나 좋을까.

정답 Step 1 4 That's when you were popular 5 That's when you were   Step 2 4 That's when she was mad at 5 That's when he was

A | 영화 속 대화를 완성해 보세요.

SMOKEY Hud was ❶_____ letting the other cars do the work for him.
허드는 다른 차들이 그의 작전에 말려들어 그를 위해 움직이게 하는데 도사였어.

RIVER SCOTT He used to say ❷_____ 'em like you was two June bugs on a ❸_____.
그는 이렇게 말하곤 했지. 마치 네가 한여름 밤의 풍뎅이 두 마리가 된 것처럼 그들에게 달라붙어라.

JR. MOON He ❹_____ me!
그거 원래 내가 한 말인데 쟤가 훔쳐간 거야!

MCQUEEN Drafting? I've never had to do that.
드래프팅? 전 그걸 해야만 하는 상황을 접해 본 적은 없었어요.

SMOKEY Yeah, that's ❺_____ fast – now you're slow. 그래. 그건 네가 빨랐기 때문에 그런 거지 – 근데 이젠 느리잖아.

RIVER SCOTT And old. 늙었고.

LOUISE NASH And rickety. 금방 부서질 것 같고.

JR. MOON And dilapidated. 노후 돼서 허물어져 가고 있고.

MCQUEEN Okay, okay! ❻_____.
알았어요 알았다고요! 무슨 말인지 안다고요.

SMOKEY ❼_____ has to look for opportunities you ❽_____ were there.
이제 새롭게 태어난 자네는 그동안 존재하는지도 몰랐던 그런 기회를 찾아야만 한다네.

정답 A

❶ a master of
❷ cling to
❸ summer night
❹ stole that from
❺ when you were
❻ I get it
❼ The new you
❽ never knew

B | 다음 빈칸을 채워 문장을 완성해 보세요.

1 그는 변장의 달인이다.
He's _____ disguise.

2 그녀는 한국요리 전문가야.
She's _____ Korean cuisine.

3 그건 네가 고등학교 다닐 때지.
_____ in high school.

4 그건 네가 20대 때 얘기지.
_____ your 20s.

5 그건 그녀가 지금보다 훨씬 젊었을 때지.
_____ much younger than now.

정답 B

1 a master of
2 an expert on
3 That's when you were
4 That's when you were in
5 That's when she was

McQueen's Crew in Florida

플로리다로 온 맥퀸의 크루

드디어^{finally} 고되지만^{strenuous} 즐거웠던 훈련을 마치고 맥퀸은 대회에 참가하기 위해 플로리다로 왔어요. 그의 옛 동료들도 다시금 그를 돕기 위해 크루팀에 합류했고요^{join in}. 스모키가 크루 팀장으로 나선 가운데, 전설 속 레이서들도 모두 응원하러 왔네요. 맥퀸의 여자친구 샐리가 와서 네가 우승을 하건 못하건 더 젊은 차와 만날 거라고 하며 맥퀸의 마음을 풀어주기 위해 농담을 던집니다^{crack a joke}. 이런 농담도 웃음으로 받아들일 수 있는 그들의 관계가^{relationship} 참 멋지네요.

Warm Up! 오늘 배울 표현   오늘 등장하는 표현들입니다. 어떤 표현이 들어가야 할지 생각해 보세요.

* How does today's talent _____?   오늘 레이서들은 얼마나 경쟁력이 있을까요?

* I think we're _____ today.   제 생각엔 오늘 아주 흥미진진할 것 같군요.

* _____, Jeff.   그럴게요, 제프.

* _____?   괜찮아?

* _____, I'm gonna move onto the next rookie and forget I ever knew you.   결과가 어떻게 되든 상관없이 난 새로운 루키랑 사귈 거고 너랑 알고 지냈던 사실은 까맣게 잊어버릴 거야.

오디오 파일을 듣고 3번 따라 말해보세요. 🎧 26-1.mp3

REPORTER 기자	Jeff Gorvette, how does today's talent **stack up?**❶ 제프 고르베트, 오늘 레이서들은 얼마나 경쟁력이 있을까요?
JEFF GORVETTE 제프 고르베트	I think we're **in for a great** treat today.❷ These racers are – oh hey McQueen! 오 제 생각엔 오늘 아주 흥미진진할 것 같군요. 오늘 나온 레이서들은 – 오, 이봐, 맥퀸!
JEFF GORVETTE 제프 고르베트	Win one for us old guys! 우리 고참들을 위해 우승해 줘!
MCQUEEN 맥퀸	**Will do**, Jeff.❸ 그럴게요, 제프.
MATER 메이터	Hey there, Buddy! 이봐, 친구!
MCQUEEN 맥퀸	Hey Guys... 얘들아..
SALLY 샐리	Stickers! 스티커들!
MCQUEEN 맥퀸	Hey Sal. 샐리.
SALLY 샐리	**You ok?**❹ 괜찮아?
MCQUEEN 맥퀸	Yeah, yeah, absolutely. 응. 응. 물론이지.
SALLY 샐리	Listen, you're gonna do great today. And **no matter what happens**, I'm gonna move onto the next rookie and forget I ever knew you.❺ 넌 오늘 정말 잘할 거니까 걱정 마. 그리고 결과가 어떻게 되든 상관없이, 난 새로운 루키랑 사귈 거고 너랑 알고 지냈던 사실은 까맣게 잊어버릴 거야.
MCQUEEN 맥퀸	I'm glad you're here. 네가 와줘서 기뻐.

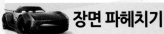 **장면 파헤치기** 구문 설명과 예문으로 이 장면의 핵심 표현을 완벽히 이해하세요.

❶ How does today's talent stack up? 오늘 레이서들은 얼마나 경쟁력이 있을까요?

Stack은 pile과 같은 의미로 명사로 쓰일 때는 '무더기, 더미', 동사로 쓰일 때는 '쌓아 올리다/쌓다'라는 뜻이에요. 이 단어가 '쌓아 올리다'라는 의미의 동사로 쓰일 때는 전치사 up과 함께 쓰인답니다. 그런데, stack up에는 또 다른 의미가 있는데 그것은 '~와 비교할/견줄 만하다, ~에 못지않다, 경쟁력이 있다'예요. 특히 부정문이나 의문문에서 이런 의미로 쓰이는 경우들이 많아요.

* Let's see how he **stacks up.** 그가 쓸 만한 인력인지(경쟁력이 있는지) 보자.
* We wondered how restaurants in Seoul **stacked up** against the ones in Busan. 서울에 있는 식당들이 부산에 있는 식당들에 견줄 만한지 궁금하더라.

❷ I think we're in for a great treat today. 제 생각엔 오늘 아주 흥미진진할 것 같군요.

in for a treat은 어디에 들어가기 전이나 어떤 상황을 맞이하기 전에 상대방에게 '너 오늘 정말 여기 잘 온 거다/완전 운수 대통했다'라고 어감으로 기대하지도 않았던 큰 기쁨/만족감을 얻게 될 것이라고 말하는 표현이에요. 때때로 강조하기 위해 중간에 great이나 awesome 같은 형용사를 넣어주기도 해요. ★영화 속 패턴 익히기

❸ Will do, Jeff. 그럴게요, 제프

구어체에서 상대방이 요청이나 부탁, 또는 명령을 할 때 긍정의 대답으로 '그렇게 할게!' '알겠어!'라는 의미로 쓰는 표현이에요. I will do it!에서 앞뒤의 단어를 생략한 것으로 보시면 된답니다. 이전에 배웠던 That will do! '그거면 됐어'와는 다른 상황에서 쓰이니 헷갈리지 마세요.

* A: Would you fix this chair, please? 이 의자 좀 고쳐줄래?
* B: **Will do!** I'll get right on it. 알았어! 바로 할게.

❹ You ok? 괜찮아?

상대방이 어디에 부딪혔거나 다친 상황이거나 아파 보이거나 많이 힘들어 보일 때 '괜찮아?'라고 물을 때 쓰는 표현이에요. Are you ok?에서 be동사 'are'를 생략한 것이랍니다. 의미만 통하면 구어체에서는 굳이 길게 말할 필요가 없으니 경제적으로 짧게 말하는 것이지요.

* **You okay?** You look a little pale. 괜찮니? 얼굴이 좀 창백해 보이는데.
* **You okay?** Maybe you need to see a doctor. 괜찮아? 아무래도 너 병원 가봐야 할 것 같아.

❺ No matter what happens, I'm gonna move onto the next rookie and forget I ever knew you. 결과가 어떻게 되건 상관없이 난 새로운 루키랑 사귈 거고 너랑 알고 지냈던 사실은 까맣게 잊어버릴 거야.

No matter what happens는 '무슨 일이 생기건/있더라도, 어찌 되건 상관없이'라는 의미로 쓰는 표현입니다. 뒤에 있는 happens를 생략하고 no matter what이라고만 써도 같은 의미인데, 이 경우에는 주로 문장의 뒤에 따라옵니다. ★영화 속 패턴 익히기

🎧 26-2.mp3

주어 + be동사 + in for a treat
(기대하지도 않았던) 큰 만족감을 얻게 될 거야.

Step 1 기본 패턴 연습하기

1 You are **in for a treat**. This movie's awesome! 네가 정말 좋아할 거야. 이 영화 끝내주거든!

2 We are having the biggest sale ever. You guys are **in for a treat**.
지금 역대 가장 큰 할인을 하고 있어요. 정말 수지맞으신 기예요.

3 They are **in for a treat**. We are giving away a lot of stuff.
그들은 정말 운이 좋은 거야. 우리가 공짜로 이것저것 막 나눠주고 있거든.

4 _____ because I'm going to cook for him myself.
내가 그를 위해 직접 요리를 할 생각이니 그는 정말 운이 좋은 거다.

5 _____ we have two awesome speakers with us today.
우린 정말 대단히 운이 좋은 거예요. 왜냐하면 오늘 강연을 맡으신 분들이 두 분 다 너무 훌륭하신 분들이거든요.

Step 2 패턴 응용하기   주어 + be동사 + in for a shock

1 If you are going to the meeting today, you are **in for a shock**.
오늘 회의에 가면 큰 충격을 받게 될 거야.

2 I was **in for a shock** when I first arrived here. 처음에 거기 도착했을 때 난 큰 충격을 받게 되었다.

3 If he thinks this job is going to be easy, he's **in for a shock**.
그가 이 일이 쉬울 거로 생각했다면, 많이 당황할 거야.

4 She's _____ when she discovers the truth about her boyfriend.
그녀가 그녀의 남자친구에 대한 사실을 알게 되면 큰 충격을 받을 거야.

5 _____ if they think I would do what they wanted.
내가 그들이 원하는 것을 할 거로 생각하고 있다면 그들은 적잖이 당황하게 될 거야.

Step 3 실생활에 적용하기

A You are in for a treat today.

B 왜?

A My mom baked these delicious scones just for you and me.

A 너 오늘 완전히 운수 대통이다.

B Why?

A 우리 엄마가 너하고 나만 먹으라고 이 맛있는 스콘들을 구워 두셨거든.

정답 Step 1 4 He's in for a treat 5 We're in for a treat because Step 2 4 in for a shock 5 They are in for a shock

No matter what happens, ~   무슨 일이 생기건 / 어찌 되든 상관없이

Step 1 **기본 패턴 연습하기**

1 **No matter what happens**, the sun will rise in the morning.
어쨌든 내일 아침에 태양은 또다시 뜰 거야.

2 **No matter what happens**, she will not resign. 무슨 일이 있어도 그녀는 사임하지 않을 것이다.

3 **No matter what happens**, I will not give up on you. 무슨 일이 있어도 난 널 포기하지 않아.

4 _____, we will always be there for you.
무슨 일이 생기더라도 우린 항상 너의 곁에 있을 거야.

5 _____ never betray us.
무슨 일이 생기든 간에 그는 절대 우리를 배신하지 않을 것이야.

Step 2 **패턴 응용하기**   ~ no matter what

1 I'll be there on time **no matter what**. 무슨 일이 있어도 시간 안에 꼭 갈 거예요.

2 They will go through the wedding **no matter what**. 무슨 일이 생기더라도 그들은 결혼식을 올릴 것이다.

3 Your mom will support you **no matter what**. 무슨 일이 생기건 간에 네 엄마는 널 지지할 거야.

4 He had decided to keep his _____.
그는 무슨 일이 있어도 직장은 지키겠노라고 결심했다.

5 I'll finish the paper by _____.
무슨 일이 있어도 오늘 밤까지는 리포트를 끝낼 것이다.

Step 3 **실생활에 적용하기**

A 무슨 일이 생기더라도 이 얘긴 아무한테도 하면 안 돼.

B What if I do?

A 만약에 하면 너랑 나랑 더 이상 친구가 아닌 거지.

A No matter what happens, don't tell anyone about this.

B 만약에 하면?

A If you do, you and I are not friends anymore.

정답   Step 1 4 No matter what happens 5 No matter what happened, he will   Step 2 4 job no matter what 5 tonight no matter what

A | 영화 속 대화를 완성해 보세요.

REPORTER   Jeff Gorvette, how does today's talent ❶_____
_____? 제프 고르베트, 오늘 레이서들은 얼마나 경쟁력이 있을까요?

JEFF GORVETTE   I think we're in for ❷_____ today. These
racers are – oh hey McQueen! 오 제 생각엔 오늘 아주 흥미진진할
것 같군요. 오늘 나온 레이서들은 - 오, 이봐, 맥퀸!

JEFF GORVETTE   Win one for us old guys! 우리 고참들을 위해 우승해 줘!

MCQUEEN   ❸_____, Jeff. 그럴게요. 제프.

MATER   Hey there, Buddy! 이봐, 친구!

MCQUEEN   Hey Guys... 얘들아..

SALLY   Stickers! 스티커들!

MCQUEEN   Hey Sal. 샐리.

SALLY   ❹_____? 괜찮아?

MCQUEEN   Yeah, yeah, ❺_____. 응. 응. 물론이지.

SALLY   Listen, you're gonna do great today. And ❻_____
_____, I'm gonna ❼_____
the next rookie and forget I ever knew you. 넌 오늘
정말 잘할 거니까 걱정 마. 그리고 결과가 어떻게 되든 상관없이, 난 새로운 루키랑 사귈
거고 너랑 알고 지냈던 사실은 까맣게 잊어버릴 거야.

MCQUEEN   ❽_____ you're here. 네가 와줘서 기뻐.

B | 다음 빈칸을 채워 문장을 완성해 보세요.

1   네가 정말 좋아할 거야. 이 영화 끝내주거든!
You are _____. This movie's awesome!

2   내가 그를 위해 직접 요리를 할 생각이니 그는 정말 운이 좋은 거다.
_____ because I'm going to cook for him myself.

3   그가 이 일이 쉬울 거로 생각했다면, 많이 당황할 거야.
If he think this job is going to be easy, _____.

4   어쨌든 내일 아침에 태양은 또다시 뜰 거야.
_____, the sun will rise in the morning.

5   무슨 일이 있어도 시간 안에 꼭 갈 거예요.
I'll be there on time _____.

Lightening McQueen vs. Jackson Storm

라이트닝 맥퀸 대 잭슨 스톰

마침내 그토록 기다리던 플로리다 500 레이싱 대회가 시작되었습니다. 예선 대회에^{a qualifying game} 참석하지 못했던 맥퀸은 가장 불리하게 마지막 줄에서 출발하게 됐네요. 출발을 알리는 신호와 함께 부웅~ 출발한 차들이 모두 최선을 다하고^{try their hardest} 있는 가운데, 맥퀸이 점점 앞으로 치고 나옵니다. 사람들의 예상과는 다르게 아주 선전하고 있는^{put up a good fight} 맥퀸이에요. 끝까지 완주하려면 아직 한참 더 남았지만 초반^{early stage} 분위기는 과히 나쁘지 않아요^{not too shabby}. 라이트닝 맥퀸 파이팅!

 **Warm Up!** 오늘 배울 표현   오늘 등장하는 표현들입니다. 어떤 표현이 들어가야 할지 생각해 보세요.

* ⬚⬚⬚⬚⬚⬚⬚⬚⬚ he started dead last, I don't think he's doing half-bad out there!
완전히 마지막 줄에서 출발한 걸 감안하면 맥퀸이 꽤 잘 달리고 있는 것 같군요!

* ⬚⬚⬚⬚⬚⬚⬚⬚! 전혀 나쁘지 않아!

* Top ten's not gonna ⬚⬚⬚⬚⬚⬚. 10등 안에 드는 것으로는 만족 못 해요.

* So ⬚⬚⬚⬚⬚! 그러면 더 힘을 내라!

* Cruz says ⬚⬚⬚⬚⬚⬚⬚⬚⬚ catch her. 크루즈가 그러는데 그녀를 잡으려면 세 바퀴 남았다네.

163

BOB CUTLASS (V.O.)
밥 커틀라스 (목소리만)

Lightning McQueen is making steady progress in the early parts of this race.
레이스의 초반부에 라이트닝 맥퀸이 안정적으로 계속 치고 나가고 있습니다.

NATALIE CERTAIN (O.S.)
나탈리 서틴 (화면 밖에서)

Well, it won't be enough to catch Storm.
그래도 스톰을 잡기엔 충분치는 않을 거예요.

DARRELL CARTRIP (O.S.)
데릴 칼트립 (화면 밖에서)

Considering he started dead last, I don't think he's doing half-bad out there!❶
완전히 마지막 줄에서 출발한 걸 감안하면 맥퀸이 꽤 잘 달리고 있는 것 같군요!

SMOKEY (O.S.)
스모키 (화면 밖에서)

Not too shabby!❷ You keep this up, you'll finish in the top ten!
전혀 나쁘지 않아! 계속 이렇게만 유지하면 10등 안에 들 거야!

MCQUEEN

맥퀸

Top ten's not gonna **cut it**, Smokey.❸ I gotta go all the way!
10등 안에 드는 것으로는 만족 못 해요, 스모키. 맨 위까지 가야 한다고요!

SMOKEY (O.S.)
스모키 (화면 밖에서)

So **dig in!**❹ Remember your training! Find Storm and chase him down!
그러면 더 힘을 내라! 훈련을 기억해! 스톰을 찾아서 뒤쫓아 잡으라고!

CRUZ
크루즈

Oh! Tell him he has three laps to catch me!
오! 그에게 날 잡으려면 세 바퀴 남았다고 전해주세요!

SMOKEY
스모키

Cruz says **you've got three laps to** catch her.❺
크루즈가 그러는데 그녀를 잡으려면 세 바퀴 남았다네.

MCQUEEN (V.O.)
맥퀸 (목소리만)

Yeah, ok. Tell her thanks.
네, 좋아요. 고맙다고 전해주세요.

❶ Considering he started dead last, I don't think he's doing half-bad out there! 완전히 마지막 줄에서 출발한 걸 감안하면 맥퀸이 꽤 잘 달리고 있는 것 같군요!

'Considering ~'은 '~을 고려할 때 / ~라는 사실을 감안하면'이라는 의미로 쓰이는 표현인데 문장 앞에 올 수도 있고 명사구/절 앞에 올 수도 있어요. 문장 끝에 올 때는 '여러 상황을 감안/고려할 때'라고 해석하면 된답니다.

★ 영화 속 패턴 익히기

❷ Not too shabby! 전혀 나쁘지 않아!

Shabby는 '다 낡은, 허름한, 추레한, 초라한'이라는 뜻의 형용사인데 이 단어 앞에 Not too를 넣어서 Not too shabby!라고 하면 관용표현으로 정말 멋지고 근사하고 좋다는 의미예요. 발음할 때는 shabby 부분을 강조해야 자연스럽답니다. 그런데, too에 강세를 넣으면 비아냥거리는 말투로 정반대의 의미인 '완전 구리다/별로다'가 된다는 것도 알아두세요.

* Is that your car? Not too **shabby**! 이거 네 차니? 완전 멋진데!
* You got accepted to Stanford? Not too **shabby**! 스탠퍼드 대학에 합격했어? 와 정말 대단하다!

❸ Top ten's not gonna cut it, Smokey. 10등 안에 드는 것으로는 만족 못 해요.

Cut it은 구어체에서 '예상한 정도의/필요한 만큼의 능력을 발휘하다'라는 뜻인데, 부정어 not과 같이 쓰면 '예상한/필요한 만큼 좋지 못한, 발휘하지 못하는'이라는 뜻이 됩니다. 예를 들어, She won't cut it as a professional singer. '그녀는 가수가 되기엔 부족해' 이렇게 쓸 수 있지요.

* An apology is not going to **cut it**! 사과 정도로는 충분히 않아.
* If Mark can't **cut it**, then we'll get someone else to do the job.
  마크가 이것을 할만한 능력을 발휘하지 못한다면, 우리도 다른 사람을 구할 수밖에 없어.

❹ So dig in! 그러면 더 힘을 내라!

dig in은 문자 그대로 해석하면 '땅을 파다'인데, 실생활에서는 주로 음식을 앞에 둔 아이들에게 부모가 '열심히/어서 먹어라!'라는 의미로 쓴답니다. 또 하나의 의미는 '힘을 내다/열심히 하다/꾹 참고 견디다'예요. 이 문맥에서는 바로 이 뜻으로 쓰였답니다.

* The food's getting cold. **Dig in**! 음식이 식고 있잖아. 어서 먹어라!
* I decided to **dig in** and try to get an answer to that.
  꾹 참고 견디며 열심히 해서 그것에 대한 답을 찾아보리라고 난 결심했어요.

❺ Cruz says you've got three laps to catch her. 크루즈가 그러는데 그녀를 잡으려면 세 바퀴 남았다네.

⟨You've got + 횟수 + to ~⟩는 '~하는 데까지 몇 ~가 남았다'는 의미로 쓰는 패턴이에요. 제한된 상황에서만 쓰일 것으로 보일지 모르지만, 일상적으로 굉장히 많이 쓰는 표현입니다. 문장으로 패턴 연습을 하다 보면 알 수 있을 거예요.

★ 영화 속 패턴 익히기

🎧 27-2.mp3

Considering ~ ~을 고려할 때 / 감안하면

Step 1 기본 패턴 연습하기

1 She's surprisingly energetic **considering** her age. 그녀의 나이를 감안하면 그녀는 놀랍도록 활력이 넘친다.

2 **Considering** he's just started working here, he's doing quite good.
그가 갓 입사한 것을 감안하면 꽤 일을 잘한다.

3 You did an excellent job **considering** you've never done this before.
이걸 지금까지 한 번도 해 본 적이 없다는 걸 감안하면 자넨 정말 잘했네.

4 They get very good salary _____ the workload.
일하는 양을 고려할 때 그들의 급여는 꽤 괜찮다.

5 It's not _____. 여러 가지 상황을 감안할 때 나쁘지 않네.

Step 2 패턴 응용하기 Given ~

1 **Given** his age, he runs remarkably fast. 그의 나이를 고려할 때 그는 엄청나게 빨리 달린다.

2 **Given** her interest in children, she will make a good teacher.
그녀가 아이들에게 지대한 관심을 보이는 걸 보면, 그녀는 좋은 선생님이 될 것이다.

3 **Given** the circumstances, we did very well. 상황을 감안할 때, 우리 아주 잘했다.

4 _____ the manager's not coming, we should cancel the meeting.
지배인님이 오지 않는다는 사실을 고려할 때, 오늘 회의는 취소해야겠네.

5 We will try to help you in the best way possible, _____.
당신의 상황을 감안해서 최선을 다해 당신을 돕도록 노력하겠습니다.

Step 3 실생활에 적용하기

A Considering his popularity, having 1,000 audiences sounds like an attainable goal.

B 만 명 모아야 한다고, 천 명이 아니라.

A Whoa! That's not going to be easy.

A 그의 인기를 감안할 때, 관객 천 명 모으는 건 가능한 목표인 것 같아.

B I said 10,000, not 1,000.

A 워! 그건 쉽지 않겠는데.

정답 Step 1 4 considering 5 bad considering Step 2 4 Given the fact that 5 given your situation

You've got + 횟수 + to ~   ~까지 ~개/회 남았다.

Step 1 기본 패턴 연습하기

1 **You've got** two weeks **to** vote. 투표일까지 2주 남았다.

2 **You've got** four days **to** pay the bill. 고지서 납부기한까지 4일 남았어.

3 **You've got** three reps **to** finish the set. (근력 운동할 때) 이번 세트를 끝낼 때까지 3회 더 남았다.

4 .... decide. 결정할 수 있는 시간이 1시간 남았어.

5 .... figure it out. 5분 안에 상황을 파악해야만 해.

Step 2 패턴 응용하기 | 주어 have/has got + 횟수 + to ~

1 **He's got** one month **to** live. 그가 살 수 있는 날이 한 달 남았다.

2 **We've got** two days **to** fix this. 이틀 안에 이것을 고쳐놔야 해.

3 **They've got** three weeks **to** organize the rally. 그들에게 집회를 준비할 수 있는 기간이 3주 남았다.

4 .... change. 그녀는 옷을 갈아입을 수 있는 시간이 4분 남았다.

5 .... get it done. 5시간 안에 이걸 끝내야만 해.

Step 3 실생활에 적용하기

A How many laps to go?	A 몇 바퀴 남았다고?
B 완주까지 다섯 바퀴 남았어.	B You've got five more laps to go.
A I'm completely out of breath now. I give up.	A 완전 숨을 쉴 수가 없을 지경이야. 나 포기할래.

정답 Step 1 4 You've got one hour to 5 You've got five minutes to Step 2 4 She's got four minutes to 5 I've got five hours to

A | 영화 속 대화를 완성해 보세요.

BOB CUTLASS (V.O.)
Lightning McQueen is ❶..
.... in the early parts of this race.
레이스의 초반부에 라이트닝 맥퀸이 안정적으로 계속 치고 나가고 있습니다.

NATALIE CERTAIN (O.S.)
Well, it won't be ❷........................... to catch
Storm. 그래도 스톰을 잡기엔 충분치는 않을 거예요.

DARRELL CARTRIP (O.S.)
❸......................... he started dead last, I
don't think he's doing ❹........................... out
there! 안전히 마지막 줄에서 출발한 걸 감안하면 맥퀸이 꽤 잘 달리고
있는 것 같군요.

SMOKEY (O.S.)
❺...............................! You keep this up,
you'll finish ❻...............................!
전혀 나쁘지 않아! 계속 이렇게만 유지하면 10등 안에 들 거야!

MCQUEEN
Top ten's not gonna ❼..........................,
Smokey. I gotta go ❽...........................!
10등 안에 드는 것으로는 만족 못 해요. 스모키, 맨 위까지 가야 한다고요!

SMOKEY (O.S.)
So ❾...........................! Remember your
training! Find Storm and chase him down!
그러면 더 힘을 내라! 훈련을 기억해! 스톰을 찾아서 뒤쫓아 잡으라고!

CRUZ
Oh! Tell him he has three laps to catch me!
오! 그에게 날 잡으려면 세 바퀴 남았다고 전해주세요!

SMOKEY
Cruz says you've got three laps to catch her.
크루즈가 그러는데 그녀를 잡으려면 세 바퀴 남았다네.

MCQUEEN (V.O.)
Yeah, ok. ❿...
네, 좋아요. 고맙다고 전해주세요.

정답 A

❶ making steady progress
❷ enough
❸ Considering
❹ half-bad
❺ Not too shabby
❻ in the top ten
❼ cut it
❽ all the way
❾ dig in
❿ Tell her thanks

B | 다음 빈칸을 채워 문장을 완성해 보세요.

1 그녀의 나이를 감안하면 그녀는 놀랍도록 활력이 넘친다.
She's surprisingly energetic ....

2 이걸 지금까지 한 번도 해 본 적이 없다는 걸 감안하면 자넨 정말 잘했네.
You did an excellent job .... you've never done this before.

3 상황을 감안할 때, 우린 아주 잘했다.
..............................., we did very well.

4 결정할 수 있는 시간이 1시간 남았어.
.... decide.

5 그들에게 집회를 준비할 수 있는 기간이 3주 남았다.
They've .... organize the rally.

정답 B

1 considering her age
2 considering
3 Given the circumstances
4 You've got one hour to
5 got three weeks to

The New Racer, Cruz

신예 레이서, 크루즈

맥퀸은 경주의 절반가량을 마치고 피트 스톱^{pit stop} 시간에 정비를 위해 피트로 돌아왔어요. 그의 우승에 대한 모두의 기대치가 점점 고조되고^{heat up} 있는 가운데 그는 새로운 깨달음에 이릅니다. 이제 맥퀸 자신이 아닌 크루즈를 레이서로 내보내야 한다는 파격적인^{extreme} 생각 말이죠! 그는 크루즈에게 자신의 번호를 달고 나머지 경주를 마치라고 하는군요^{finish the race}. 어안이 벙벙해진^{dumbfounded} 크루즈는 얼떨결에 그녀가 어릴 적 그토록 꿈꿔 왔던 레이서가 되는 꿈을 이루러^{to make her dream come true} 나갑니다.

Warm Up! 오늘 배울 표현 오늘 등장하는 표현들입니다. 어떤 표현이 들어가야 할지 생각해 보세요.

* _____, Cruz. 오늘이 바로 그날이에요, 크루즈.

* You're _____. 당신의 기회를 얻은 거예요.

* She'll _____! 그녀는 우리 회사 이미지를 망칠 거야!

* Just _____ to see it. 그걸 알아보는 데까지 조금 시간이 걸리긴 했지만 말이에요.

* _____, Bumpkin! 저리 비켜, 이 촌놈아!

| MCQUEEN 맥퀸 | **Today's the day**, Cruz.❶ You're **getting your shot**.❷ |
| | 오늘이 바로 그날이에요, 크루즈. 당신의 기회를 얻은 거예요. |

| CRUZ 크루즈 | What?! |
| | 뭐라고요?! |

| MCQUEEN 맥퀸 | I started this race, and you're gonna finish it. |
| | 난 이 경주를 시작했고, 당신은 끝낼 거예요. |

| STERLING 스털링 | What?!? She'll **damage the brand**!❸ She's just a trainer! |
| | 뭐라고?!? 그녀는 우리 회사 이미지를 망칠 거야! 그녀는 그저 트레이너일 뿐이라고! |

| MCQUEEN 맥퀸 | No, she's a racer. Just **took me a while** to see it.❹ |
| | 아뇨, 그녀는 레이서예요. 그걸 알아보는 데까지 조금 시간이 걸리긴 했지만 말이에요. |

| STERLING 스털링 | That can't be legal! |
| | 이렇게 하는 건 규칙에 어긋나는 거야! |

| SMOKEY 스모키 | The rules only say the number has to be out there. Doesn't say who has to wear it. |
| | 규칙에는 한 숫자가 참가해야 한다고 나와 있지요. 누가 그 숫자를 붙여야만 하는지는 안 나와 있어요. |

| STERLING 스털링 | NO! You can't do that— |
| | 안 돼! 이럴 수는 없어— |

| MATER 메이터 | Did I ever tell you how much I love your mudflaps? |
| | 제가 당신네 회사 흙받이를 얼마나 좋아하는지 말씀드린 적 있나요? |

| STERLING 스털링 | **Outta my way**, Bumpkin!❺ |
| | 저리 비켜, 이 촌놈아! |

| MATER 메이터 | Got my fishin' flaps, got my church flaps, my going out and eating flaps... |
| | 낚시용 흙받이, 교회용 흙받이, 외출용, 식사용 흙받이 다 가지고 있어요… |

170

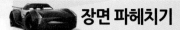

장면 파헤치기 구문 설명과 예문으로 이 장면의 핵심 표현을 완벽히 이해하세요.

❶ Today's the day, Cruz. 오늘이 바로 그날이에요, 크루즈.

손꼽아 기다리던 정말 중요한 바로 그날이 왔거나 어느 날 일생일대의 기회가 왔을 때 Today's the day. '오늘이 바로 그날이다'라는 표현을 써요. 고백하거나 큰 기대하고 있다면 Tonight is the night. '오늘 밤이 바로 (정말 중요한) 그 밤이다'라는 표현을 쓸 수도 있겠지요.

* **Today is the day.** I'm going to buy my dream car. 오늘이 바로 그날이야! 난 오늘 나의 꿈의 차를 살 거야.
* **Tonight is the night.** We are going to go wild. 오늘 밤이 바로 그 밤이야. 우린 광란의 밤을 보낼 거라고.

❷ You're getting your shot. 당신의 기회를 얻은 거예요.

get one's shot은 '자신의 기회를 얻다'라는 의미예요. 이전 장에서도 소개됐지만, shot은 '(운동 경기에서의) 슛, (총기) 발사, 발포, 주사 한 대'처럼 무엇인가를 '발사하는/쏘는 것'이에요. 하지만, 이 단어는 구어체에서는 '시도, 도전, 기회'라는 의미로도 많이 쓰인답니다. ★영화 속 패턴 익히기

❸ She'll damage the brand! 그녀는 우리 회사 이미지를 망칠 거야!

Brand는 '상표/브랜드'라는 뜻이지만 여기에서는 '회사 이미지' 또는 '브랜드 이미지'라는 의미로 쓰였어요. 그것을 damage 곧 훼손한다는 것은 회사 이미지를 망친다는 뜻이 되겠죠. Damage는 명사로 주로 쓰이지만, 동사로 쓰일 경우에는 '손상을 주다, 피해를 주다, 훼손하다, 악영향을 끼치다'라는 의미로 해석하면 좋아요.

* The fire badly **damaged the whole town.** 그 화재로 마을 전부가 심하게 훼손되었다.
* You **damaged my reputation.** 네가 나에 대한 평판을 해쳤다.

❹ Just took me a while to see it. 그걸 알아보는 데까지 조금 시간이 걸리긴 했지만 말이에요.

Take a while은 take a long time과 같은 표현으로 '시간이 많이/오래 걸리다'라는 뜻이에요. 그중간에 me, you, him, her과 같은 목적격 대명사를 넣어주면 '~에게 시간이 오래 걸리다'라는 뜻이 되고요. Take a long time 같은 경우도 〈take me/you/him/her long (time) to + 동사〉 형식으로 써서 '~하는데 ~에게 시간이 오래 걸리다'라는 표현으로 쓸 수 있네요. 중간에 time은 굳이 넣지 않아도 되니 생략할게요. ★영화 속 패턴 익히기

❺ Outta my way, Bumpkin! 저리 비켜, 이 촌놈아!

누군가 자신의 앞을 가로막고 서 있거나 방해하는 사람이 있을 때 '저리 비켜'라고 외치는 표현 중 가장 많이 쓰이는 표현이 Get out of my way!예요. 구어체에서는 간단하고 짧게 말하려고 Get을 생략하고 out of는 붙여서 Outta my way!라고 말하는 경우가 많답니다.

* **Outta my way!** I need to pee. 비켜라! 나 소변 보러 가야 해.
* **Outta my way!** I'm coming through! 비켜라! 내가 지나간다!

🎧 28-2.mp3

Get one's shot
자신의 기회를 얻다.

Step 1 기본 패턴 연습하기

1 You'll **get your shot** to show your talent one day. 언젠가 너의 재능을 보여 줄 기회가 올 거야.

2 I finally **got my shot**. 드디어 기회를 얻었다.

3 She won't **get her shot**. 그녀는 기회를 얻지 못할 것이야.

4 The rookie may _____. 그 신예 선수가 마침내 오늘 밤 기회를 얻게 될지도 모른다.

5 You may think that you will _____, but time will come.
넌 너에게 절대로 기회가 안 올 거로 생각하지는 몰라도 언젠가 때가 올 것이야.

Step 2 패턴 응용하기   give it a shot

1 Let's **give it a shot**! 한번 시도해보자!

2 Why don't you **give it a shot**? 한번 시도해 보지 그러니?

3 I've never danced flamenco before but I'll **give it a shot**.
플라멩코 춤을 춰본 적은 없지만 이번에 한번 도전해 보겠어.

4 I'll never know if I don't try it, so I've _____.
시도조차 해보지 않으면 결코 알 수가 없을 것 같아서 한번 시도하기로 했어.

5 I wonder if she _____. 그녀가 과연 시도할 것인지 궁금하네.

Step 3 실생활에 적용하기

A 나에게 결코 기회가 올 것 같지가 않아.

B Yes, you will get your shot. I'm keeping my fingers crossed for you.

A 고마워.

A I don't think I'll ever get my shot.

B 기회가 올 거야. 내가 너를 위해 간절히 기원하고 있다고.

A Thanks a lot.

정답 Step 1 4 finally get his shot tonight 5 never get your shot Step 2 4 decided to give it a shot 5 will give it a shot

It took me a while to

~을 하는데 시간이 좀 걸렸다.

Step 1 기본 패턴 연습하기

1 **It took me a while to** figure it out. 그것을 이해하는 데 시간이 좀 걸렸어.

2 **It took me a while to** understand what she was trying to say.
그녀가 말하고자 하는 것을 이해하는데 시간이 좀 걸렸다.

3 **It took me a while to** realize. 깨닫게 되기까지 시간이 좀 걸렸지.

4 .... you back. 너에게 답장 쓰는데 시간이 좀 걸렸네.

5 .... calm down. 마음을 진정시키기까지 시간이 좀 걸렸다.

Step 2 패턴 응용하기 | It didn't take me long to ~

1 **It didn't take me long to** make up my mind. 마음에 결정을 내리는 데 오래 걸리지 않았다.

2 **It didn't take me long to** realize how much I love you.
내가 널 얼마나 사랑하는지 깨닫는 데 그리 오랜 시간이 걸리지 않았어.

3 **It didn't take me long to** get a job. 직장 구하는데 시간이 별로 오래 걸리지 않았어.

4 .... used to it. 익숙해지는 데까지 그리 오래 걸리지 않았어.

5 .... get there. 거기까지 가는데 시간이 그렇게 오래 걸리지 않았다.

Step 3 실생활에 적용하기

A How long did it take for you to decide to leave the company?

A 회사를 떠나기로 하기까지 얼마나 시간이 걸렸나요?

B 마음을 결정하는데 시간이 꽤 걸렸어요.

B It took me a while to make up my mind.

A Yeah, it must have been a tough decision.

A 네, 아주 힘든 결정이었겠어요.

정답 Step 1 4 It took me a while to write 5 It took me a while to Step 2 4 It didn't take me long to get 5 It didn't take me long to

A | 영화 속 대화를 완성해 보세요.

MCQUEEN ❶_____, Cruz. You're ❷_____. 오늘이 바로 그날이에요. 크루즈. 당신의 기회를 얻은 거예요.

CRUZ What?! 뭐라고요?!

MCQUEEN I ❸_____, and you're gonna finish it. 난 이 경주를 시작했고, 당신은 끝낼 거예요.

STERLING What?!? She'll ❹_____! She's just a trainer! 뭐라고?!? 그녀는 우리 회사 이미지를 망칠 거야! 그녀는 그저 트레이너일 뿐이라고!

MCQUEEN No, she's a racer. Just ❺_____ to see it. 아뇨, 그녀는 레이서예요. 그걸 알아보는 데까지 조금 시간이 걸리긴 했지만 말이에요.

STERLING That can't be ❻_____! 이렇게 하는 건 규칙에 어긋나는 거야!

SMOKEY The rules only say the number ❼_____. Doesn't say who has to wear it. 규칙에는 한 숫자가 참가해야 한다고 나와 있지요. 누가 그 숫자를 붙여야만 하는지는 안 나와 있어요.

STERLING NO! You can't do that— 안 돼! 이럴 수는 없어—

MATER Did I ever tell you ❽_____ your mudflaps? 제가 당신네 회사 흙받이를 얼마나 좋아하는지 말씀드린 적 있나요?

STERLING ❾_____, Bumpkin! 저리 비켜, 이 촌놈아!

MATER Got my fishin' ❿_____, got my church flaps, my going out and eating flaps... 낚시용 흙받이, 교회용 흙받이, 외출용, 식사용 흙받이가 다 가지고 있어요…

B | 다음 빈칸을 채워 문장을 완성해 보세요.

1 드디어 기회를 얻었다.

I finally _____.

2 한번 시도해보지 그러니?

Why don't you _____?

3 그녀가 말하고자 하는 것을 이해하는데 시간이 좀 걸렸다.

_____ understand what she was trying to say.

4 깨닫게 되기까지 시간이 좀 걸렸지.

_____.

5 익숙해지는 데까지 그리 오래 걸리지 않았어.

_____ used to it.

Jackson Storm vs. Cruz Ramirez

잭슨 스톰 대 크루즈 라미레즈

아무도 예상하지 못했던 크루즈의 등장으로^{unexpected appearance} 관중들과 대회 관계자 모두가 술렁술렁 거리는 군요.^{buzz} 게다가 크루즈라는 신예 레이서의 발군의^{preeminent} 실력에 다시 한번 놀라게 되고요. 가장 놀라고 또 긴장한 건 그 누구보다 스톰이지요. 대수롭지 않은 존재로 계속 무시하다가^{ignore} 마지막 순간에 이르러 그리 만만치 않은 상대라는 걸 알게 되죠. 좌불안석이 되어버린^{on pins and needles} 스톰은 결국 크루즈의 심리를 교란하는 속임수를^{cunning trick} 쓰는군요. 크루즈는 그의 속임수로 크게 흔들리는데… 하지만 그녀에겐 든든한 지원군이 있죠. 바로 라이트닝 맥퀸, 그녀의 멘토이자^{mentor} 크루 팀장^{crew chief}!

Warm Up! 오늘 배울 표현

오늘 등장하는 표현들입니다. 어떤 표현이 들어가야 할지 생각해 보세요.

* You know, _____ I thought you were out here 'cause your GPS was broken.
  난 처음에 네가 네비가 고장 나서 여기에 온 줄 알았거든.

* It's important to _____. 자신에게 어울리는 옷을 입는 건 중요하지.

* He's trying to _____! 당신 생각을 어지럽히려고 수작 부리는 거예요!

* That you can play dress up _____. 얼마든지 네가 원하는 대로 장난으로 남의 옷을 입어볼 수는 있지.

* You'll never be _____. 네가 우리 중의 하나가 되는 일은 없을 거야.

바로 이 장면!

오디오 파일을 듣고 3번 따라 말해보세요.

RAY REVERHAM 레이 레버햄	Ramirez's up to fourth. 라미레즈가 4위까지 올라갔어.
STORM 스톰	Fourth? Huh. 4위라고? 응.
MATER 메이터	Get er done!!! 끝장내 버려라!!!
RAY REVERHAM 레이 레버햄	Ramirez is in third. 라미레즈가 3위로 치고 올라갔어.
MCQUEEN 맥퀸	What are you doing, Storm? 뭐 하는 거야, 스톰?
STORM 스톰	Hey! Costume Girl. You know, **at first** I thought you were out here 'cause your GPS was broken. ❶ 이봐! 코스튬 걸. 난 처음에 네가 네비가 고장 나서 여기에 온 줄 알았거든.
MCQUEEN 맥퀸	Don't listen to him, Cruz! 그 자식 말 듣지 마요, 크루즈!
STORM 스톰	You look good! It's important to **look the part**. ❷ You can't have everyone thinking that you don't deserve to be here. 멋져 보이네! 자신에게 어울리는 옷을 입는 건 중요하지. 네가 여기에 있을 만한 존재가 아니라고 모두 다 생각하게 할 순 없지.
MCQUEEN (O.S.) 맥퀸 (화면 밖에서)	He's trying to **get in your head**! ❸ 당신 생각을 어지럽히려고 수작 부리는 거예요!
STORM 스톰	They don't need to know what you and I already do... ...That you can play dress up **all you want**... ❹ But you'll never be **one of us**. ❺ 그들이 알 필요는 없어, 너나 내가 이미 하고… …얼마든지 네가 원하는 대로 장난으로 남의 옷을 입어볼 수는 있지… 하지만 네가 우리 중의 하나가 되는 일은 없을 거야.

❶ You know, at first I thought you were out here 'cause your GPS was broken.
난 처음에 네가 네비가 고장 나서 여기에 온 줄 알았거든.

at first는 '(맨) 처음에는, 처음에'라는 뜻으로 지금은 그렇지 않지만 '처음에는 ~했었다/~라고 생각했다'라는 패턴에서 주로 쓰이는 표현이에요. 이 표현을 쓸 때 주의할 것은 at first의 앞부분에 있는 전치사 at이에요. 이것을 for나 in이 아닌 꼭 at을 써야만 합니다. ★영화 속 패턴 익히기

❷ It's important to look the part. 자신에게 어울리는 옷을 입는 건 중요하지.

look the part 혹은 dress the part는 특정한 일/직책/역할에 '알맞아 보이다, 알맞은 옷을 입고 있다'라는 의미로 쓰는 표현이에요. '적역이다, 적격이다'라고 해석해도 좋겠네요.

* He was often cast as a boss because he **looked the part**.
  그는 자주 보스로 캐스팅되었다. 왜냐하면 그가 그 역에 적격이기 때문이다.
* She's a nurse? She doesn't **look the part** at all. 그녀가 간호사라고? 전혀 그렇게 안 보이던데.

❸ He's trying to get in your head! 당신 생각을 어지럽히려고 수작 부리는 거예요!

get in(to) one's head는 다른 사람의 머릿속에 들어가 그의 생각을 어지럽게 하고 자신의 이익을 위해 조작하려고 할 때 쓰는 표현이에요. 때때로 get inside one's head 라고 표현하기도 합니다.

* Don't let him **get in your head**! 그가 네 머릿속에 들어가서 네 생각을 맘대로 조작하게 하지 마!
* Advertisers know how to **get in your head**. 광고인들은 어떻게 당신의 생각을 조작하는지 안다.

❹ That you can play dress up all you want. 얼마든지 네가 원하는 대로 장난으로 남의 옷을 입어볼 수는 있지.

얼마든지 네가 원하는 대로 다 해도 좋다고 할 때 쓰는 표현이 ~ all you want이에요. 문장의 끝에 이 문구가 들어가는데 상황에 따라서는 이 부분을 all you need로 바꿔서 '얼마든지 필요한 대로/필요한 만큼 다 해라'라는 의미로 쓸 수도 있겠네요. 그리고, All you want/need가 문장의 앞에 오면 주어구가 되어서 '네가 원하는/필요한 것의 전부는' 라는 뜻이 됩니다. ★영화 속 패턴 익히기

❺ You'll never be one of us. 네가 우리 중의 하나가 되는 일은 없을 거야.

여기에서 one of us는 직역하면 '우리 중의 하나'인데 의역을 해 보면 '우리와 동급/같은 부류/식구' 정도의 뜻이 되겠습니다.

* He is not one of us. He's never been **one of us**.
  그는 우리의 식구가 아니야. 그는 단 한 번도 우리의 식구였던 적이 없다고.
* We feel that she is **one of us**. 우리 느낌엔 그녀가 우리와 같은 부류인 것 같아.

영화 속 패턴 익히기

오늘 배운 장면에서 뽑은 핵심 패턴으로 다양한 표현을 만들어 보세요.

At first

처음에/처음에는

Step 1 기본 패턴 연습하기

1 **At first**, I thought you were a fraud. 처음에는, 난 네가 사기꾼인 줄 알았어.

2 She didn't like him **at first**. 그녀가 처음에 그를 좋아하진 않았지.

3 **At first**, I was pessimistic about the whole thing. 처음에는 난 이 모든 것에 대해서 비관적이었어.

4 Nobody expected him to win the _____.
처음에는 아무도 그가 그 시합을 이길 것이라고 기대하지 않았다.

5 _____, I didn't think I had a chance with her.
처음에는 내가 그녀와 사귈 수도 있을 거라고는 생각하지 못했어.

Step 2 패턴 응용하기 First of all

1 **First of all**, I'd like to thank you for your time. 우선, 시간을 내주셔서 감사합니다.

2 **First of all**, I'd like to ask you a few questions. 무엇보다 먼저, 질문을 몇 개만 하겠습니다.

3 Let's do this, **first of all**. 일단 이것부터 하자고.

4 I want to see him, _____. 무엇보다 먼저 그를 만나고 싶네.

5 I'd like to ask you, _____. 일단 어떻게 된 것인지 묻고 싶군요.

Step 3 실생활에 적용하기

A Was it love at first sight?	A 첫눈에 반하신 건가요?
B 아뇨, 별로 그런 것은 아니었어요. 처음엔 그이가 별로 마음에 들지도 않았어요.	B No, not really. I didn't even like him at first.
A Really?	A 정말이요?

정답 Step 1 4 game at first 5 At first Step 2 4 first of all 5 first of all, what happened

~ all you want

얼마든지 원하는 대로

Step 1   기본 패턴 연습하기

1   Cry **all you want**. 얼마든지 울고 싶은 만큼 울어.

2   You can laugh **all you want**. 웃고 싶은 만큼 얼마든지 웃어도 돼.

3   Take **all you want**, but eat all you take. 원하는 만큼 다 가져가세요. 하지만 가져간 건 다 드셔야 해요.

4   Dream _____. 원하는 대로 꿈꿔라.

5   Eat and _____. 얼마든지 원하는 만큼 먹고 마셔라.

Step 2   패턴 응용하기   All you need (to + 동사) is ~

1   **All you need** is love. 네게 필요한 건 사랑뿐이야.

2   **All you need** is a little bit of courage. 네게 필요한 건 조금의 용기일 뿐이야.

3   **All you need** to take is your tent. 당신이 챙겨야만 하는 것은 텐트뿐이죠.

4   _____ believe. 당신이 해야만 하는 것은 믿는 것뿐이에요.

5   _____ is I'm not as stupid as you may think.
당신이 알아야만 하는 것은 내가 생각만큼 무식하지는 않다는 거예요.

Step 3   실생활에 적용하기

A   I can't believe you lied to me.

B   얼마든지 책망해. 하지만 난 널 위해 거짓말을 했던 거야.

A   You are lying again!

A   네가 나한테 거짓말을 하다니 믿기지 않아.

B   Blame me all you want, but I lied for you own sake.

A   또 거짓말하고 있네!

정답   Step 1 4 all you want 5 drink all you want   Step 2 4 All you need to do is 5 All you need to know

A | 영화 속 대화를 완성해 보세요.

RAY REVERHAM	Ramirez's up to ❶_____. 라미레즈가 4위까지 올라갔어.
STORM	Fourth? Huh. 4위라고? 응.
MATER	Get er done!!! 끝장내 버려라!!!
RAY REVERHAM	Ramirez is in third. 라미레즈가 3위로 치고 올라갔어.
MCQUEEN	❷_____, Storm? 뭐 하는 거야, 스톰?
STORM	Hey! Costume Girl. You know, ❸_____ I thought you were out here 'cause your GPS was ❹_____. 이봐! 코스튬 걸. 난 처음에 네가 네비가 고장 나서 여기에 온 줄 알았거든.
MCQUEEN	Don't listen to him, Cruz! 그 자식 말 듣지 마요, 크루즈!
STORM	❺_____! It's important to ❻_____. You can't have everyone thinking that you don't ❼_____ to be here. 멋져 보이네! 자신에게 어울리는 옷을 입는 건 중요하지, 네가 여기에 있을 말한 존재가 아니라고 모두 다 생각하게 할 순 없지.
MCQUEEN (O.S.)	He's trying to ❽_____! 당신 생각을 어지럽히려고 수작 부리는 거예요!
STORM	They don't need to know what you and I already do... 그들이 알 필요는 없어, 너나 내가 이미 하고… ...That you can play dress up ❾_____... But you'll never be ❿_____. …얼마든지 네가 원하는 대로 장난으로 남의 옷을 입어볼 수는 있지… 하지만 네가 우리 중의 하나가 되는 일은 없을 거야.

B | 다음 빈칸을 채워 문장을 완성해 보세요.

1　그녀가 처음에 그를 좋아하진 않았지.
　She didn't like him _____.

2　우선, 시간을 내주셔서 감사합니다.
　_____, I'd like to thank you for your time.

3　웃고 싶은 만큼 얼마든지 웃어도 돼.
　You can laugh _____.

4　원하는 만큼 다 가져가세요. 하지만 가져간 건 다 드셔야 해요.
　_____, but eat all you take.

5　네게 필요한 건 사랑뿐이야.
　_____ love.

The Two Winners
두 명의 우승자들

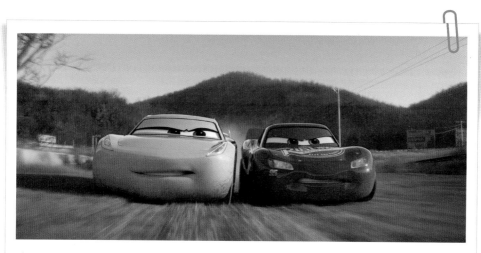

천신만고 끝에 엄청난 센세이션^{sensation}을 일으키며 크루즈가 플로리다 500 대회의 우승자가 됐어요. 맥퀸은 비록 자신이 레이서로서 우승한 것은 아니지만, 그에 못지않게^{no less than that} 그녀의 우승이 너무도 자랑스럽습니다. 이제서야 닥 아저씨의 심정을 이해하게 됐고요. 그런데 문제가 생겼어요. 맥퀸이 이번 대회에서 우승을 못하면 스털링 회사의 흙받이^{mudflaps}를 다 팔아 주기로 스털링과 약속을 했는데^{make a deal} 그것을 지켜야 하는 상황이 됐네요. 하지만 걱정도 잠시, 대회 전광판에 이번 대회의 우승자는 한 명이 아니라, 두 명이라는군요. 경주의 초반부를 달렸던 맥퀸도 공동 우승자로^{a co-winner} 공식적으로 수상하게 된 거예요. 정말 행복한 결말이네요^{What a happy-ending}!

Warm Up! 오늘 배울 표현

오늘 등장하는 표현들입니다. 어떤 표현이 들어가야 할지 생각해 보세요.

* Now ＿＿＿＿＿ - a winner. 네 모습을 좀 봐 – 챔피언.

* I ＿＿＿＿＿＿. 그만두겠어요.

* I would be ＿＿＿＿＿＿ to have ya race for team Dinoco.
  자네가 우리 다이노코 팀을 위해 뛰어준다면 매우 기쁘겠네.

* Lightning, ＿＿＿＿＿ you're retired, I need you first Thing Monday morning for a photoshoot. 라이트닝, 이제 자네는 은퇴했으니, 월요일 아침에 일어나자마자 당장 달려와서 우리와 같이 화보를 찍어야지.

* You started the race, ＿＿＿＿＿. 네가 레이스를 시작했잖아, 원래 이렇게 되는 게 맞는 거야.

STERLING
스털링

Cruuuuz, I KNEW you had something – and now **look at you** - a winner.❶ I could use you as a racer on our team. We could make...

크루~~즈, 내 자네가 특별한 줄은 벌써 알고 있었다네 – 자네 모습을 좀 보게 – 챔피언. 자네를 우리 팀의 레이서로 쓸 수 있겠어. 우리가 같이…

CRUZ
크루즈

Sorry, Mr. Sterling. I would never race for you. I **quit**.❷

죄송해요 스털링 씨. 전 절대 당신을 위해 레이싱을 하지는 않을 거에요. 그만두겠어요.

TEX (O.S.)
텍스 (화면 밖에서)

Well, then race for me!

오, 그렇다면 나를 위해 레이싱을 해주게!

MCQUEEN
맥퀸

Tex!

텍스!

TEX
텍스

Miss Cru-z, I would be **tickled pink** to have ya race for team Dinoco.❸ As you know, we have a long history of great racers...'cept for Cal.

미쓰 크루-즈, 자네가 우리 다이노코 팀을 위해 뛰어준다면 매우 기쁘겠네. 자네도 알다시피 우리 팀은 위대한 레이서들의 유구한 역사를 가지고 있잖나… 캘만 제외하고 말이지.

CAL WEATHERS
캘 웨더스

Ah, guys, I'm still right here.

아, 여보세요, 나 아직 바로 여기 있어요.

MCQUEEN
맥퀸

Team Dinoco, Cruz!

팀 다이노코, 크루즈!

STERLING
스털링

Hire her, I don't care. Lightning, **now that** you're retired, I need you first Thing Monday morning for a photoshoot.❹

그녀를 고용하게, 난 상관없으니. 라이트닝, 이제 자네는 은퇴했으니, 월요일 아침에 일어나자마자 당장 달려와서 우리와 같이 화보를 찍어야지.

MCQUEEN
맥퀸

Ya. Alright, Mr. Sterling.

그래요. 그러죠, 스털링 씨.

SMOKEY
스모키

Whoa, hang on now.

워, 잠깐 있어 봐.

MCQUEEN
맥퀸

What? Why is my name up there?

뭐지? 왜 내 이름이 저 위에 있는 거야?

SMOKEY
스모키

You started the race, **that's how it works**.❺

네가 레이스를 시작했잖아. 원래 이렇게 되는 게 맞는 거야.

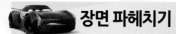

❶ **Now look at you - a winner.** 네 모습을 좀 봐 - 챔피언.

상대방의 모습이 얼마나 우스운지 혹은 대단한지 직접 보라고 할 때 Now look at you!라는 표현을 쓸 수 있어요. 반면, '내 꼴을 봐/내가 얼마나 대단한지 봐봐'라는 의미로 Now look at me!라고 쓸 수도 있지요.

* Now **look at you**! You look wonderful. 자네 모습을 봐! 얼마나 아름다운지 말이야.
* Now **look at me**! I'm sparkling. 내 모습을 좀 봐라! 내가 반짝반짝 빛나지 않니.

❷ **I quit.** 그만두겠어요.

어떤 일을 그만두거나 몸담고 있던 팀을 그만둔다고 선언할 때 I quit이라고 해요. Stop도 '그만두다'라는 의미로 쓰이지만 이런 상황에서는 I stop!이라고 하지는 않아요. 어떤 행동이나 말을 계속하고 있는 상대방에게 Stop it! '그만해/멈춰'라고 할 때 stop을 쓰죠.

* I want to **quit** my job. 나 직장을 그만두고 싶어.
* That's it. I **quit**. 이걸로 끝이야. 난 그만둘래.

❸ **I would be tickled pink to have ya race for team Dinoco.**
자네가 우리 다이노코 팀을 위해 뛰어준다면 매우 기쁘겠네.

〈be동사 + tickled pink〉는 '매우 기쁘다, 즐겁다, 행복하다'라는 의미의 은유적 표현이에요. Tickle은 주로 '간지럼을 태우다'는 의미로 쓰이는 동사인데, '(흥미 등을) 돋우다, 재미있게 하다'라는 의미로도 쓰일 수 있답니다.

* I'm **tickled pink** to have you visit us. 당신이 우릴 방문하게 되어서 너무 기뻐요.
* Sue was **tickled pink** when he decided to marry her. 수는 그가 그녀와 결혼하기로 했을 때 매우 기뻤다.

❹ **Lightning, now that you're retired, I need you first Thing Monday morning for a photoshoot.** 라이트닝, 이제 자네는 은퇴했으니, 월요일 아침에 일어나자마자 당장 달려와서 우리와 같이 화보를 찍어야지.

〈Now that + 주어 + 동사〉는 '이제 ~했으니/~하게 됐으니'라는 의미로 쓸 수 있는 패턴이에요. 어떠한 조건이 성립되었으니, 그로 인해 무엇을 할 수 있게 되었다고 할 때 주로 쓰이지요. '네가 그 말을 꺼내서 말인데'는 Now that you mention it이라고 합니다. ★영화속패턴읽기

❺ **You started the race, that's how it works.** 네가 레이스를 시작했잖아, 원래 이렇게 되는 게 맞는 거야.

〈That's how + 주어 + 동사〉는 '그것이 ~한 방식이야, (원래) ~식으로 해'라는 뜻으로 쓸 수 있는 패턴이에요. 아주 간단한 만큼 평상시에 여러모로 유용하게 활용할 수 있으니 잘 연습해 두세요. ★영화속패턴읽기

🎧 30-2.mp3

Now that you + 동사,

이제 ~했으니/하게 됐으니,

Step 1   기본 패턴 연습하기

1 **Now that you** are here, we can start the meeting. 이제 당신이 왔으니 회의를 시작할 수 있겠군요.

2 **Now that you** know my number, you can call me anytime.
이제 내 번호를 알았으니 언제든지 전화해.

3 **Now that you** mention it, I have to pay my rent today.
네가 그 말을 하니까 생각이 났는데, 오늘 나 월세 내는 날이다.

4 _____ a lot of money, what are you going to do with it?
이제 너에게 돈이 많이 생겼는데, 그걸로 뭐 할 거니?

5 _____, I see what I did wrong. 이제 당신이 떠나고 나니, 내가 뭘 잘못했는지 알겠네요.

Step 2   패턴 응용하기 │ Now that + 주어 + 동사

1 **Now that** Emma is back, she will help you find a job.
이제 엠마가 돌아왔으니 너 직장 찾는 일을 도와줄 거야.

2 **Now that** we are back together, I truly believe that we are meant for each other.
이제 우리가 다시 사귀게 되면서 우리가 천생연분이란 걸 정말로 믿게 됐어.

3 **Now that** our kids are grown, we enjoy being by ourselves.
아이들이 많이 커서, 이제 우리끼리 있는 것을 즐긴답니다.

4 _____ turned 21, he is all grown up. 이제 그가 21살이 되었으니 완전히 성인이네요.

5 _____ about it, I honestly don't remember.
다시 한번 생각을 해 봤는데 정말 기억이 잘 안 나네.

Step 3   실생활에 적용하기

A 이제 비도 멈췄으니, 우리 수영장 가요.

B Honey, it's still a little cold for swimming.

A 알았어요, 엄마.

A Now that it stopped raining, let's go to the swimming pool.

B 애야, 수영하기엔 아직 추운 날씨란다.

A Okay, mommy.

정답   Step 1   4 Now that you have   5 Now that you are gone   Step 2   4 Now that he has   5 Now that I think

That's how + 주어 + 동사

그것이 ~한 방식이야.

Step 1 기본 패턴 연습하기

1 **That's how** it is. 원래 그런 거야.

2 **That's how** we do it. 그게 우리가 하는 방식이야.

3 **That's how** I feel. 내 기분이 그렇다는 거야.

4 .... make me feel. 네가 나에게 그런 기분을 느끼게 해.

5 .... lives. 그게 그가 사는 방식이야.

Step 2 패턴 응용하기 | That's the way + 주어 + 동사 현재/과거

1 **That's the way** I like it. 난 그런 방식이 좋아.

2 **That's the way** you are. 넌 그런 식이야 / 넌 그런 사람이야.

3 **That's the way** he talks. 그는 그런 식으로 말해.

4 .... laughs. 그녀는 그렇게 웃어.

5 .... the world. 우린 세상을 그런 식으로 봐.

Step 3 실생활에 적용하기

A You look so happy with your daughter.

B 그녀가 나에게 이런 기분을 느끼게 해준답니다.

A Obviously. She's a darling.

A 따님하고 같이 있는 모습이 정말 행복해 보여요.

B That's how she makes me feel.

A 당연히 그럴 것 같아요. 너무 예쁜 아가라서요.

정답 Step 1 4 That's how you 5 That's how he Step 2 4 That's the way she 5 That's the way we see

A | 영화 속 대화를 완성해 보세요.

STERLING Cruuuuz, I KNEW you had something – and now ❶_____ - a winner. I could use you as a racer on our team. We could make...

크루~~즈, 내 자네가 특별한 줄은 벌써 알고 있었다네 – 자네 모습을 좀 보게 – 챔피언. 자네를 우리 팀의 레이서로 쓸 수 있겠어. 우리가 같이…

CRUZ Sorry, Mr. Sterling. I would never race for you. ❷_____.

죄송해요 스털링 씨. 전 절대 당신을 위해 레이싱을 하지는 않을 거예요. 그만두겠어요.

TEX (O.S.) Well, then ❸_____! 오, 그렇다면 나를 위해 레이싱을 해주게!

MCQUEEN Tex! 텍스!

TEX Miss Cru-z, I would be ❹_____ to have ya race for team Dinoco. As you know, we have ❺_____ great racers...'cept for Cal.

미스 크루–즈, 자네가 우리 다이노코 팀을 위해 뛰어준다면 매우 기쁘겠네. 자네도 알다시피 우리 팀은 위대한 레이서들의 유구한 역사를 가지고 있잖나… 캘만 제외하고 말이지.

CAL WEATHERS Ah, guys, I'm still right here. 아, 여보세요. 나 아직 바로 여기 있어요.

MCQUEEN Team Dinoco, Cruz! 팀 다이노코, 크루즈!

STERLING Hire her, I don't care. Lightning, ❻_____ you're retired, I need you first Thing Monday morning for a photoshoot. 그녀를 고용하게. 난 상관없으니. 라이트닝, 이제 자네는 은퇴했으니, 월요일 아침에 일어나자마자 당장 달려와서 우리와 같이 화보를 찍어야지.

MCQUEEN Ya. Alright, Mr. Sterling. 그래요. 그러죠, 스털링 씨.

SMOKEY Whoa, ❼_____. 워, 잠깐 있어 봐.

MCQUEEN What? Why is my name up there? 뭐지? 왜 내 이름이 저 위에 있는 거야?

SMOKEY You started the race, ❽_____. 네가 레이스를 시작했잖아, 원래 이렇게 되는 게 맞는 거야.

정답 A
❶ look at you
❷ I quit
❸ race for me
❹ tickled pink
❺ a long history of
❻ now that
❼ hang on now
❽ that's how it works

B | 다음 빈칸을 채워 문장을 완성해 보세요.

1 이제 당신이 떠나고 나니, 내가 뭘 잘못했는지 알겠네요.
_____, I see what I did wrong.

2 이제 엠마가 돌아왔으니 너 직장 찾는 일을 도와줄 거야.
_____, she will help you find a job.

3 이제 그가 21살이 되었으니 완전히 성인이네요.
_____ turned 21, he is all grown up.

4 내 기분이 그렇다는 거야.
_____ I feel.

5 우린 세상을 그런 식으로 봐.
_____ the world.

정답 B
1 Now that you are gone
2 Now that Emma is back
3 Now that he has
4 That's how
5 That's the way we see